Diogenes Taschenbuch 24693

de
te
be

Sie

Geschichten über wunderbare Frauen

Ausgewählt von Marie Hesse

Diogenes

Nachweis am Schluss des Bandes
Covermotiv: Illustration von Tina Berning

Originalausgabe

www.diogenes.ch
50/23/36/2
ISBN 978 3 257 24693 3

Inhalt

PATRICIA HIGHSMITH

Die Heldin

Die junge Frau war so sicher, dass sie die Stelle bekommen würde, dass sie einfach mitsamt ihrem Koffer nach Westchester gefahren war. Nun saß sie in einem bequemen Sessel im Wohnzimmer der Christiansens, antwortete ernst auf die Fragen, die man ihr stellte, und sah mit ihrem dunkelblauen Mantel und dem Barett sogar noch jünger aus als einundzwanzig.

»Haben Sie schon einmal als Kindermädchen gearbeitet?«, fragte Mr. Christiansen. Er saß mit gefalteten Händen neben seiner Frau auf dem Sofa, die Ellbogen auf die Knie seiner grauen Flanellhose gestützt. »Ich meine, haben Sie irgendwelche Empfehlungen?«

»Die letzten sieben Monate war ich Hausmädchen bei Mrs. Dwight Howell in New York.« Lucille sah ihn an, und ihre grauen Augen weiteten sich. »Wenn Sie es wünschen, könnte ich von ihr bestimmt ein Empfehlungsschreiben bekommen ... Aber als ich heute Morgen Ihre Anzeige las, wollte ich nicht warten. Ich wollte schon immer in einem Haushalt mit Kindern arbeiten.«

Mrs. Christiansen lächelte kaum merklich über den Eifer der jungen Frau. Sie nahm eine silberne Dose vom Sofatisch, stand auf und bot sie ihr an. »Möchten Sie eine?«

»Nein, danke. Ich rauche nicht.«

»Nun«, sagte Mrs. Christiansen und zündete sich eine Zigarette an, »wir könnten natürlich dort anrufen, aber mein Mann und ich halten mehr von unserem persönlichen Eindruck als von Empfehlungen. Was meinst du, Ronald? Du hast doch immer gesagt, dass du jemanden willst, der Kinder wirklich mag.«

Fünfzehn Minuten später stand Lucille Smith in ihrem Zimmer im Dienstbotenhaus hinter dem großen Haus und schloss den Gürtel ihrer neuen weißen Uniform. Sie legte ein wenig Lippenstift auf. »Du fängst noch mal von vorn an, Lucille«, sagte sie zu ihrem Spiegelbild. »Von jetzt an wirst du ein glückliches, nützliches Leben führen und alles vergessen, was früher war.«

Aber schon weiteten sich ihre Augen wieder, so sehr, als wollten sie diese Worte Lügen strafen. Wenn ihre Augen so groß wurden, hatten sie viel Ähnlichkeit mit denen ihrer Mutter, und die gehörte zu dem, was sie vergessen musste. Sie musste sich auch abgewöhnen, die Augen so aufzureißen, denn dann sah sie überrascht und sogar unsicher aus, und beides ging nicht, wenn man mit Kindern zu tun hatte. Ihre Hand zitterte, als sie den Lippenstift hinlegte. Sie machte wieder ihr normales Gesicht und strich vorn über die gestärkte Uniform. Es gab nur ein paar Dinge, die sie sich merken musste, ein paar alberne Angewohnheiten wie die mit den Augen: Dass sie kleine Papierfetzen im Aschenbecher verbrannte oder manchmal die Zeit vergaß – Kleinigkeiten, die jedem mal passierten. Sie musste nur gut aufpassen, und mit der Zeit würden sich diese Marotten von allein legen. Denn sie war genau wie andere Leute (das hatte der Psychologe ihr doch gesagt, oder?), und andere Leute hatten mit so etwas überhaupt keine Schwierigkeiten.

Sie ging durch das Zimmer, setzte sich auf die Fensterbank unter den blauen Vorhängen und betrachtete den Garten und die Rasenfläche, die zwischen dem Dienstbotenhaus und dem großen Haus lag. Der Garten war länger als breit, in der Mitte befand sich ein Springbrunnen, und zwei gepflasterte Wege zeichneten ein schiefes Kreuz auf den Rasen. Dazwischen standen vereinzelte Bänke, etwa unter einem Baum oder in einer Laube, die aussah, als wäre sie aus weißer Spitze. Ein wunderschöner Garten!

Und das Haus war das Haus ihrer Träume. Ein weißes, zweistöckiges Haus mit dunkelroten Fensterläden, Türen aus Eichenholz, Türklopfern aus Messing, Riegeln, die sich auf Daumendruck öffneten ... Und weite Rasenflächen und Pappeln, so hoch und dicht nebeneinander, dass man nicht hindurchsehen konnte, so dass man nicht zugeben musste, ja nicht einmal glauben konnte, es könne irgendwo dahinter noch andere Häuser geben ... Das Haus der Howells in New York, das mit seinen Regenschlieren, den Granitsäulen und den vielen Ornamenten wie eine altbackene Hochzeitstorte zwischen anderen altbackenen Hochzeitstorten ausgesehen hatte ...

Unvermittelt stand sie auf. Das Haus der Christiansens wirkte frisch, freundlich und lebendig. Hier gab es Kinder. Dem Himmel sei Dank für die Kinder! Dabei hatte sie die noch gar nicht kennengelernt.

Sie eilte hinunter, ging auf dem Weg, der vor der Haustür begann, durch den Garten, blieb kurz bei dem Springbrunnen stehen und betrachtete den pausbäckigen Faun, der aus seiner Flöte Wasser in das Becken spie ... Wie viel wollten ihr die Christiansens bezahlen? Sie hatte es vergessen, und es war ihr auch egal. In einem solchen Haus hätte sie umsonst gearbeitet.

Mrs. Christiansen führte sie nach oben ins Kinderzimmer. Sie öffnete die Tür zu einem Raum, dessen Wände mit bunten bäuerlichen Motiven geschmückt waren, mit tanzenden Pärchen und Tieren und blühenden, knorrigen Bäumen. Es gab zwei Betten aus hellem Eichenholz, und der gelbe Linoleumboden war makellos sauber.

Die beiden Kinder lagen zwischen Bilderbüchern und verstreuten Buntstiften in einer Ecke auf dem Boden.

»Kinder, das ist euer neues Kindermädchen«, sagte ihre Mutter. »Sie heißt Lucille.«

Der kleine Junge stand auf, streckte ihr ernst eine verschmierte Hand entgegen und sagte: »Guten Tag.«

Lucille nahm die Hand und erwiderte den Gruß mit einem langsamen Nicken.

»Und das ist Heloise«, sagte Mrs. Christiansen und führte das Mädchen, das kleiner war als der Junge, zu Lucille.

Heloise sah auf zu der Frau in Weiß und sagte: »Guten Tag.«

»Nicky ist neun, und Heloise ist sechs«, sagte Mrs. Christiansen.

»Ja«, sagte Lucille. Sie bemerkte, dass das blonde Haar beider Kinder einen leichten Stich ins Rötliche hatte, genau wie bei ihrem Vater. Sie trugen blaue Latzhosen und keine Hemden, und ihre Rücken und Schultern unter den Trägern waren sonnengebräunt. Lucille konnte sich von ihrem

Anblick gar nicht mehr losreißen. Es waren die perfekten Kinder in diesem perfekten Haus. Sie sahen sie offen an, ohne Misstrauen oder Feindseligkeit. In ihren Blicken las sie nur Zuneigung und kindliche Neugier.

»… und die meisten Menschen leben lieber draußen auf dem Land«, sagte Mrs. Christiansen gerade.

»O ja. Ja, Ma'am. Hier ist es viel schöner als in der Stadt.«

Mrs. Christiansen strich dem kleinen Mädchen mit einer Zärtlichkeit über den Kopf, die Lucille faszinierte. »Es ist gleich Zeit für ihr Mittagessen«, sagte sie. »Sie werden hier oben mit ihnen essen, Lucille. Möchten Sie Tee, Kaffee oder Milch?«

»Kaffee, bitte.«

»Gut. Lisabeth wird das Essen in ein paar Minuten hochbringen.« An der Tür blieb sie kurz stehen. »Sie sind doch nicht wegen irgendetwas nervös, Lucille?«, fragte sie leise.

»O nein, Ma'am.«

»Dazu besteht auch gar kein Grund.« Sie schien noch etwas hinzufügen zu wollen, lächelte aber nur und ging hinaus.

Lucille sah ihr nach und fragte sich, was es wohl war, das sie noch hatte sagen wollen.

»Du bist viel hübscher als Catherine«, sagte Nicky.

Sie drehte sich um. »Wer ist Catherine?« Lucille setzte sich auf ein Kissen, und als sie all ihre Aufmerksamkeit den Kindern zuwandte, die sie noch immer musterten, spürte sie, dass die Spannung in ihren Schultern nachließ.

»Catherine war unser voriges Kindermädchen. Sie ist wieder nach Schottland gegangen. Ich bin froh, dass du jetzt da bist. Catherine mochten wir nicht.«

Heloise hatte die Hände auf den Rücken gelegt und drehte sich hin und her, während sie Lucille betrachtete. »Nein«, sagte sie, »Catherine mochten wir nicht.«

Nicky starrte seine Schwester an. »Du darfst das nicht sagen! Das hab ich schon gesagt!«

Lucille lachte und legte die Arme um ihre Knie, und dann fielen Nicky und Heloise in ihr Lachen ein.

Ein farbiges Dienstmädchen trat mit einem dampfenden Tablett ein und stellte es auf dem hellen Holztisch in der Mitte des Zimmers ab. Sie war schlank und von unbestimmbarem Alter. »Ich bin Lisabeth Jenkins, Miss«, sagte sie schüchtern, während sie Papierservietten an die drei Plätze legte.

»Und ich heiße Lucille Smith«, sagte Lucille.

»Also, ich stelle es Ihnen hier hin, Miss. Rufen Sie einfach, wenn Sie noch irgendwas brauchen.« Sie ging hinaus. Ihre Hüften unter der blauen Uniform sahen schmal und fest aus.

Die drei setzten sich an den Tisch, und Lucille hob den Deckel der Servierplatte hoch. Darunter lagen drei mit Petersilie garnierte Omeletts, die im Sonnenlicht, das auf den Tisch fiel, gelb leuchteten. Doch zuvor musste sie die Tomatensuppe und dreieckig geschnittene und mit Butter bestrichene Toastscheiben austeilen. Ihr Kaffee war in einer silbernen Kanne, und jedes der Kinder bekam ein großes Glas Milch. Der Tisch war zu niedrig für Lucille, doch das machte ihr nichts aus. Es war so schön, einfach mit den Kindern hier zu sitzen, wo die Sonne warm und freundlich auf den gelben Linoleumboden, den Tisch und das gerötete Gesicht von Heloise fiel, die ihr gegenübersaß. Wie angenehm es war, nicht mehr im Haus der Howells zu sein! Dort war sie sich immer so unbeholfen vorgekommen. Hier dagegen machte es nichts, wenn sie den Deckel einer Schüssel fallen ließ oder die Saucenkelle auf einem Schoß landete. Über so etwas würden die Kinder nur lachen.

Lucille trank einen Schluck Kaffee.

»Willst du gar nichts essen?«, fragte Heloise, die den Mund bereits voll hatte.

Die Tasse entglitt Lucilles Hand, und die Hälfte des Kaffees floss über die Tischdecke, die glücklicherweise nicht aus Stoff, sondern aus Wachstuch war. Das konnte man mit einem Papiertuch abwischen – Lisabeth würde nichts merken.

»Du Schweinchen!«, rief Heloise lachend.

»Heloise!«, wies Nicky sie zurecht und holte ein paar Papiertücher aus dem Badezimmer.

Gemeinsam wischten sie den Kaffee auf.

»Dad lässt uns immer ein bisschen Kaffee trinken«, sagte Nicky, als er sich wieder auf seinen Stuhl setzte.

Lucille fragte sich, ob die Kinder den Zwischenfall ihrer Mutter gegenüber erwähnen würden. Sie spürte, dass Nicky ihr ein Geschäft anbot. »Tatsächlich?«, fragte sie.

»Er gibt einfach ein bisschen in unsere Milch«, fuhr Nicky fort. »Gerade so viel, dass sich die Farbe etwas verändert.«

»So?« Lucille goss etwas Kaffee aus der eleganten silbernen Kanne in die Milchgläser.

Die beiden Kinder schnappten vor Begeisterung nach Luft. »Ja!«

»Ma will nicht, dass wir Kaffee trinken«, erklärte Nicky.

»Aber wenn sie es nicht sieht, gibt er uns immer ein bisschen, so wie du gerade. Dad sagt, ohne Kaffee wäre ihm der ganze Tag verdorben, und mir geht es genauso. Catherine hätte uns nie Kaffee gegeben, oder, Heloise?«

»Nie im Leben!« Heloise nahm einen großen, genießerischen Schluck aus ihrem Glas, das sie mit beiden Händen hielt.

Lucille spürte ein Glühen in sich aufsteigen, das schließlich ihr Gesicht erreichte und dort brannte. Kein Zweifel, die Kinder mochten sie. Sie dachte daran, wie oft sie in der Stadt während der drei Jahre, in denen sie als Hausmädchen bei verschiedenen Familien gearbeitet hatte (damals hatte sie gedacht, sie tauge für keine andere Arbeit), in einen Park gegangen war, nur um auf einer Bank zu sitzen und den Kindern beim Spielen zuzusehen. Doch die Kinder dort waren meist schmutzig gewesen und hatten schlimme Ausdrücke gebraucht, und sie selbst hatte sich immer ausgeschlossen gefühlt. Einmal hatte sie gesehen, wie eine Mutter ihr Kind ins Gesicht geschlagen hatte. Sie wusste noch, dass sie vor Schmerz und Entsetzen gleich davongelaufen war.

»Warum hast du so große Augen?«, wollte Heloise wissen.

Lucille zuckte zusammen. »Meine Mutter hatte auch große Augen«, sagte sie langsam und deutlich, als wäre es ein Geständnis.

»Aha«, sagte Heloise zufrieden.

Lucille zerschnitt langsam das Omelett, auf das sie keinen Appetit hatte. Ihre Mutter war jetzt seit drei Wochen tot. Seit drei Wochen, und doch kam es ihr so viel länger vor. Das lag daran, dachte sie, dass sie dabei war, all die hoffnungslose Hoffnung der vergangenen drei Jahre zu vergessen, die Hoffnung, ihre Mutter könnte im Sanatorium vielleicht doch noch genesen. Aber was für eine Genesung hätte das überhaupt sein können? Diese Krankheit war ja etwas Zusätzliches gewesen, etwas, was sie getötet hatte. Es war sinnlos gewesen, auf eine vollkommene Gesundheit zu hoffen, die ihre Mutter, wie Lucille wusste, nie gehabt hatte. Selbst die Ärzte hatten ihr das gesagt. Und sie hatten ihr noch andere Dinge gesagt, und zwar über sie selbst. Gute, ermutigende Dinge: Dass sie so normal war, wie es ihr Vater gewesen war. Lucille sah in Heloise' freundliches Gesicht und spürte, wie das tröstliche Glühen zurückkehrte. Ja, in diesem perfekten Haus, abgeschlossen von der Außenwelt, konnte sie vergessen und von vorn anfangen.

»Möchtet ihr jetzt Pudding?«, fragte sie.

Nicky zeigte auf ihren Teller. »Du bist ja noch gar nicht fertig.«

»Ich war nicht sehr hungrig.« Lucille teilte ihren Nachtisch auf die beiden auf.

»Wir könnten jetzt rausgehen zum Sandkasten«, schlug Nicky vor. »Sonst gehen wir immer nur morgens, aber ich will dir unsere Sandburg zeigen.«

Der Sandkasten war hinter dem Haus, in einem Winkel, der von einem rechteckig angebauten Flügel des Gebäudes gebildet wurde. Lucille setzte sich auf die Holzeinfassung, während die Kinder begannen, wie emsige Zwerge Sand aufzuhäufen und festzuklopfen.

»Ich bin die gefangene Prinzessin!«, rief Heloise.

»Ja, und ich rette sie, Lucille. Du wirst sehen.«

Die Burg aus feuchtem Sand wuchs rasch. Sie hatte drei Türme mit Blechfähnchen, einen Burggraben und eine Zugbrücke, die aus dem mit Sand bestreuten Deckel einer Zigarrenkiste bestand. Lucille sah fasziniert zu. Im Geist hatte sie Brian de Bois-Guilbert und Rebecca vor Augen. Sie hatte *Ivanhoe* in einem Zug gelesen und dabei, genau wie jetzt, alles um sich herum vergessen.

Als die Burg fertig war, legte Nicky ein halbes Dutzend Murmeln knapp hinter die Zugbrücke. »Das sind die Guten, die hier gefangen sind«, verkündete er. Er stellte einen zweiten Zigarrenkistendeckel hochkant vor sie und häufte eine kleine Barriere aus Sand dagegen. Dann nahm er den Deckel weg. Der kleine Sandberg stand da wie ein Wall.

Heloise sammelte inzwischen kleine Steine vom Boden neben der Hauswand. »Wir schießen das Tor ein, und dann stürmen die Guten den Hügel runter und über die Brücke, und dann bin ich gerettet.«

»Nichts verraten! Sie wird schon sehen.«

Konzentriert schnippte Nicky die Steinchen vom Rand des Sandkastens gegenüber dem Burgtor, während Heloise ihm gegenüberhockte und sich mühte, die Schäden an der Burg zu reparieren, denn außer der gefangenen Prinzessin war sie auch die belagerte Armee.

Plötzlich hielt Nicky inne und sah Lucille an. »Dad kann mit einem Stock schießen. Er legt einen Stein auf das eine Ende und schlägt auf das andere. Das nennt man ein Katawult.«

»Katapult«, sagte Lucille.

»Mensch, woher weißt du das?«

»Das hab ich in einem Buch über Burgen gelesen.«

»Toll!« Nicky fuhr fort, Steinchen zu schnippen. Dass er das Wort falsch ausgesprochen hatte, war ihm peinlich. »Wir müssen die Guten da drinnen schnell befreien. Die sind dort gefangen, und wenn sie befreit sind, können sie mitkämpfen, und dann können wir die Burg *einnehmen.*«

»Und die Prinzessin befreien!«, fügte Heloise hinzu.

Lucille sah zu und wünschte sich eine echte Katastrophe, etwas Schreckliches, Gefährliches, das Heloise bedrohte, so dass sie sich zwischen das kleine Mädchen und den Angreifer werfen und ihren großen Mut und Aufopferungswillen beweisen könnte … Sie selbst würde dabei ernsthaft verletzt werden, vielleicht durch eine Kugel oder ein Messer, doch sie würde den Angreifer in die Flucht schlagen. Dann würden die Christiansens sie lieben und nie mehr fortschicken. Wenn jetzt plötzlich ein Wahnsinniger auftauchen würde, ein Mann mit blutunterlaufenen Augen, der unflätige Dinge sagte, würde sie sich keinen Augenblick lang fürchten.

Sie sah, wie die Sandmauer nachgab und der erste Soldat freikam und taumelnd den Hügel hinunterrollte. Nicky und Heloise jubelten. Die Mauer brach vollständig ein, und zwei, drei, vier Soldaten folgten dem ersten. Ihre Streifen wirbelten lustig über den Sand. Lucille beugte sich vor. Jetzt begriff sie: Sie war wie diese guten Soldaten, die in der Burg gefangen gewesen waren. Die Burg war das Haus der Howells in der Stadt, und Nicky und Heloise hatten sie befreit. Nun konnte sie lauter Gutes tun. Wenn doch nur etwas passieren würde …

»Au!«

Das war Heloise. Die beiden Kinder hatten nach derselben Murmel gegriffen, und Nicky hatte einen von Heloise' Fingern am Rand der Zigarrenkiste eingeklemmt.

Lucille nahm die Hand des Kindes. Ihr Herz klopfte, als sie das Blut sah, das in vielen winzigen Tropfen auf der abgeschürften Haut erschien. »Ach, Heloise! Tut es sehr weh?«

»Sie sollte die Murmeln ja sowieso nicht anrühren!« Trotzig setzte sich Nicky in den Sand.

Lucille drückte ein Taschentuch auf den Finger und stützte Heloise, als sie mit ihr ins Haus ging. Sie hatte schreckliche Angst, Lisabeth oder Mrs. Christiansen könnten sie sehen. Sie führte Heloise in das Bad neben dem Kinderzimmer und fand im Medizinschränkchen ein Desinfektionsmittel und eine Mullbinde. Es war nur eine kleine Abschürfung, und Heloise hörte auf zu weinen, als sie sah, wie harmlos die Wunde war.

»Siehst du, es ist nur ein Kratzer«, sagte Lucille, aber damit wollte sie das Kind nur beruhigen. Für sie selbst war es kein kleiner Kratzer. Es war schrecklich, und es war am ersten Nachmittag passiert, an dem sie die Aufsicht über die Kinder hatte – eine Katastrophe, die sie nicht verhindert hatte. Immer wieder wünschte sie sich, die Verletzung möge an ihrer eigenen Hand und doppelt so schlimm sein.

Heloise lächelte, als sie sich den Verband anlegen ließ. »Bitte bestraf Nicky nicht«, sagte sie. »Es war ja keine Absicht. Er ist beim Spielen bloß manchmal ein bisschen wild.«

Doch Lucille hatte nicht vor, Nicky zu bestrafen. Sie wollte sich selbst bestrafen, sie wollte einen Stock nehmen und sich die Spitze in die Handfläche stoßen.

»Warum machst du so mit deinen Zähnen?«

»Weil ... weil ich dachte, ich tue dir weh.«

»Nein, es tut gar nicht mehr weh.« Heloise hüpfte aus dem Badezimmer. Sie sprang auf ihr Bett und lag auf der hellbraunen Tagesdecke, die Ecknähte hatte und bis zum Boden reichte. Ihr verbundener Finger sah vor der gebräunten Haut ihres Armes erschreckend weiß aus. »Wir müssen jetzt Mittagsschlaf machen«, sagte sie zu Lucille und schloss die Augen. »Bis bald.«

»Bis bald«, sagte Lucille und versuchte zu lächeln.

Sie ging hinunter, um Nicky zu holen. Als sie mit ihm die Treppe hinaufging, stand Mrs. Christiansen an der Kinderzimmertür. Lucille erbleichte. »Ich glaube, es ist nichts Schlimmes, Ma'am. Nur ein kleiner Kratzer vom Spielen im Sandkasten.«

»Heloise' Finger? Ach was, machen Sie sich keine Sorgen, meine Liebe. Sie haben ständig irgendwelche Kratzer. Das tut ihnen gut. Es macht sie vorsichtiger.«

Mrs. Christiansen ging ins Kinderzimmer und setzte sich auf den Rand von Nickys Bett. »Nicky, du musst rücksichtsvoller sein. Sieh nur, was für einen Schreck du Lucille eingejagt hast!« Sie lachte und fuhr ihm mit der Hand durch das Haar.

Lucille stand in der Tür. Wieder fühlte sie sich ausgeschlossen, diesmal aufgrund ihrer Unfähigkeit. Und doch – wie sehr unterschied sich diese Szene von denen, die sie in den Parks gesehen hatte!

Im Hinausgehen tätschelte Mrs. Christiansen Lucilles Schulter. »Bis zum Einbruch der Dunkelheit haben sie es wieder vergessen.«

»Einbruch der Dunkelheit«, flüsterte Lucille, als sie ins Kinderzimmer ging. »Wie schön das klingt!«

Während die Kinder schliefen, blätterte Lucille in einer Bilderbuchausgabe von *Pinocchio.* Sie liebte Geschichten über alles, irgendwelche Geschichten, vor allem aber Abenteuergeschichten und Märchen. Und neben ihr, auf dem Bücherbord der Kinder, standen Dutzende davon. Sie würde Monate brauchen, um sie alle zu lesen. Es machte nichts, dass sie für Kinder bestimmt waren, ja, ihr gefielen diese Bücher sogar noch besser, denn sie waren mit Bildern von hübsch gekleideten Tieren und lebendigen Tischen und Häusern und anderen Dingen illustriert.

Mit *Pinocchio* auf dem Schoß war sie von einem solchen Gefühl des Glücks und der Zufriedenheit erfüllt, dass sie darüber die Geschichte vergaß. Der Arzt im Sanatorium hatte sie ermuntert zu lesen und ihr auch gesagt, sie solle ins Kino gehen. »Seien Sie möglichst oft mit ganz normalen Menschen zusammen und denken Sie nicht an das, womit Ihre Mutter zu kämpfen hatte …« (»Das, womit Ihre Mutter zu kämpfen hatte« – so hatte er es damals umschrieben, doch vorher hatte er stets von »Veranlagung« gesprochen. Eine Veranlagung war etwas, was wie ein roter Faden durch die Generationen lief. Auch durch sie, hatte sie gedacht.) Lucille sah im Geist noch immer den Psychiater vor sich: Er hatte den Kopf ein wenig schräg gelegt und beim Sprechen die Brille in der Hand gehalten und war genau so, wie sie sich immer einen Psychiater vorgestellt hatte. »Dass Ihre Mutter diese Veranlagung hatte, bedeutet ja nicht, dass Sie nicht so normal wie Ihr Vater sein können. Sie sind eine intelligente junge Frau, Lucille … Suchen Sie sich eine

Stelle auf dem Land … entspannen Sie sich … genießen Sie das Leben … Denken Sie nicht einmal mehr an das Haus, in dem Sie mit Ihren Eltern gewohnt haben … Nach einem Jahr auf dem Land …«

Das war vor drei Wochen gewesen, kurz nachdem ihre Mutter im Sanatorium gestorben war. Und was der Arzt gesagt hatte, stimmte. In diesem Haus gab es Liebe und Frieden, Kinder und Schönheit, und sie spürte bereits, dass sie die Widrigkeiten der Stadt abstreifte wie eine Schlange ihre alte Haut. Schon jetzt, nach einem halben Tag! In einer Woche würde sie nicht mehr wissen, wie ihre Mutter ausgesehen hatte.

Mit einem glücklichen, geradezu verzückten Seufzer wandte sie sich zum Bücherbord und zog wahllos sechs oder sieben hohe, dünne, bunt bebilderte Bücher heraus. Eines legte sie aufgeschlagen und mit dem Rücken nach oben auf den Schoß. Ein anderes schlug sie auf und lehnte es an ihre Brust. Sie hielt die anderen Bücher in einer Hand, presste ihr Gesicht in das *Pinocchio*-Buch und schloss halb die Augen. Dann wiegte sie sich auf dem Stuhl langsam vor und zurück und fühlte nichts als Glück und Dankbarkeit. Die Standuhr unten schlug dreimal, doch sie hörte es nicht.

»Was machst du da?«, fragte Nicky höflich, aber neugierig.

Lucille nahm das Buch von ihrem Gesicht. Als ihr die Bedeutung der Frage bewusst wurde, errötete sie und lächelte wie ein glückliches, aber schuldbewusstes Kind. »Ich lese«, sagte sie lachend.

Nicky lachte ebenfalls. »Du gehst aber ganz schön nah an das Buch.«

»Ja«, sagte Heloise. Auch sie hatte sich im Bett aufgesetzt.

Nicky kam zu Lucille und betrachtete die Bücher auf ihrem Schoß. »Wir stehen um drei Uhr auf. Liest du uns jetzt was vor? Catherine hat uns immer bis zum Abendessen vorgelesen.«

»Soll ich euch *Pinocchio* vorlesen?« Lucille freute sich, dass sie vielleicht etwas von dem Glück, das sie nach den ersten Seiten des Buches erfüllt hatte, mit ihnen teilen konnte. Sie setzte sich auf den Boden, damit Nicky und Heloise die Bilder sehen konnten, während sie vorlas.

Die Kinder schoben die Köpfe immer wieder über das Buch, so dass Lucille manchmal gar nichts sehen konnte. Ihr war nicht bewusst, dass sie mit einem angespannten Interesse las, das sich den Kindern mitteilte, und dass dies der Grund war, warum ihnen die Geschichte so sehr gefiel. Zwei Stunden lang las sie ihnen vor, und die Zeit verging so rasch, als wären es zwei Minuten gewesen.

Kurz nach fünf brachte Lisabeth ihnen das Abendessen, und danach wollten Nicky und Heloise, dass Lucille ihnen bis um sieben Uhr, wenn sie zu Bett gingen, weiter vorlas. Bereitwillig griff sie zu einem neuen Buch, doch als Lisabeth das Tablett mit dem Abendessen holte, sagte sie zu Lucille, es sei jetzt an der Zeit, dass die Kinder badeten, und Mrs. Christiansen werde bald kommen, um ihnen gute Nacht zu sagen.

Mrs. Christiansen kam um sieben. Die beiden Kinder waren frisch gebadet, saßen in ihren Bademänteln mit Lucille auf dem Boden und waren in ein anderes Buch vertieft.

»Weißt du«, sagte Nicky zu seiner Mutter, »eigentlich

hat uns Catherine diese Bücher ja schon vorgelesen, aber wenn Lucille liest, kommt es einem so vor, als wären sie ganz neu.«

Lucille errötete vor Freude. Als die Kinder in ihren Betten lagen, ging sie mit Mrs. Christiansen hinunter.

»Ist alles in Ordnung, Lucille? Vielleicht haben Sie noch Fragen zum Tagesablauf?«

»Nein, Ma'am. Nur ... dürfte ich vielleicht einmal in der Nacht nach den Kindern sehen?«

»Aber wir wollen doch nicht, dass Sie Ihren Schlaf unterbrechen, Lucille. Das ist sehr fürsorglich, aber wirklich nicht nötig.«

Lucille sagte nichts.

»Und ich fürchte, die Abende werden Ihnen lang werden. Wenn Sie sich mal in der Stadt einen Film ansehen wollen, wird Alfred, unser Chauffeur, Sie gern fahren.«

»Danke sehr, Ma'am.«

»Dann also gute Nacht, Lucille.«

»Gute Nacht, Ma'am.«

Sie ging zur Hintertür hinaus und durch den Garten, wo der Springbrunnen noch plätscherte. Als sie die Hand auf den Griff ihrer Tür legte, wünschte sie, es wäre die Tür zum Kinderzimmer und es wäre bereits acht Uhr morgens und ein neuer Tag.

Dennoch war sie jetzt müde, angenehm müde. Wie schön es war, dachte sie, als sie das Licht löschte, abends richtig müde zu sein (dabei war es erst neun Uhr), anstatt hellwach und voller Tatendrang zu sein und wieder nicht schlafen zu können, weil man immer an die Mutter denken oder sich Sorgen über sich selbst machen musste ...

Sie dachte an einen Tag vor nicht allzu langer Zeit, als sie sich fünfzehn Minuten lang nicht auf den eigenen Namen hatte besinnen können und voller Panik zum Arzt gelaufen war.

Das war nun vorbei! Vielleicht würde sie Alfred sogar bitten, ihr ein Päckchen Zigaretten aus der Stadt mitzubringen – ein Luxus, den sie sich seit Monaten versagt hatte.

Ein letzter Blick aus dem Fenster hinüber zum Haus. Ab und zu bauschten sich die Vorhänge des Kinderzimmers und fielen dann wieder zurück. Der Wind in den nickenden Wipfeln der Pappeln klang wie freundliche Stimmen, wie das helle Auf und Ab von Kinderstimmen …

Der zweite Tag war wie der erste, nur dass es kein Unglück, keine aufgeschürfte Hand gab, und am dritten und vierten Tag war es ebenso. Die Tage glichen einander wie Nickys Zinnsoldaten auf dem Tisch im Kinderzimmer. Das Einzige, was sich veränderte, war Lucilles Liebe zu der Familie und zu den Kindern – eine blinde, leidenschaftliche Hingabe, die sich jeden Morgen zu verdoppeln schien. Sie bemerkte und liebte viele Dinge: die Art, wie Heloise ihre Milch in kleinen Schlucken ganz hinten im Hals trank; den blonden Flaum auf den Rücken der Kinder, der im Nacken in das Haar mündete; beim Baden die schmerzhafte Verletzlichkeit der beiden Körper.

Am Samstagabend fand sie in dem Kasten an der Tür des Dienstbotenhauses einen an sie adressierten Briefumschlag. Darin waren ein zusammengefaltetes, leeres Blatt Papier sowie zwei neue Zwanzigdollarscheine. Lucille hielt einen der knisternden Scheine in der Hand und betrachtete ihn. Sein Wert bedeutete ihr gar nichts. Um das Geld auszugeben, hätte sie in Läden und Geschäfte gehen müssen, wo andere Menschen waren. Und was sollte sie mit Geld, wenn sie das Grundstück der Christiansens doch nie verlassen würde? Es würde sich einfach ansammeln, jede Woche vierzig Dollar. In einem Jahr würde sie zweitausendundachtzig Dollar haben, in zwei Jahren doppelt so viel. Schließlich würde sie womöglich mehr haben als die Christiansens, und das war nicht in Ordnung.

Würden sie es sehr eigenartig finden, wenn sie sie bat, umsonst arbeiten zu dürfen? Oder vielleicht für zehn Dollar?

Sie musste mit Mrs. Christiansen sprechen, und das tat sie am nächsten Morgen. Der Zeitpunkt war nicht günstig gewählt. Mrs. Christiansen stellte gerade das Menü für eine Abendgesellschaft zusammen.

»Was gibt's?«, fragte Mrs. Christiansen freundlich.

Lucille sah, wie der gelbe Stift in ihrer Hand rasch über das Papier glitt. »Es ist zu viel Geld, Ma'am.«

Der Stift hielt inne. Mrs. Christiansen öffnete überrascht den Mund. »Sie sind wirklich eine komische Frau, Lucille.«

»Wie meinen Sie das – komisch?«, fragte Lucille neugierig.

»Nun, erst wollen Sie praktisch Tag und Nacht für die Kinder da sein. Sie nehmen sich nie einen Nachmittag frei. Sie sprechen immer davon, dass Sie etwas ›Wichtiges‹ für uns tun wollen – obwohl ich mir nicht vorstellen kann, was das sein könnte … Und jetzt sagen Sie, dass Sie zu viel Gehalt bekommen! Wir hatten noch nie eine Hausangestellte wie Sie, Lucille. Sie sind wirklich ganz anders als die anderen.« Sie lachte, und ihr Lachen war leicht und ungezwungen, im Gegensatz zu der jungen Frau, die angespannt vor ihr stand.

Lucille war von ihren Worten wie gebannt. »Wie meinen Sie das – anders?«

»Das habe ich Ihnen doch gerade gesagt, meine Liebe. Und ich weigere mich, Ihr Gehalt zu kürzen, denn das wäre glatte Ausbeutung. Im Gegenteil, wenn Sie Ihre Meinung ändern und um eine Gehaltserhöhung bitten sollten …«

»O nein, Ma'am! Aber ich wollte, es gäbe noch mehr, was ich für Sie tun könnte … für Sie alle …«

»Lucille! Sie arbeiten für uns, oder? Sie kümmern sich um unsere Kinder. Was könnte wichtiger sein als das?«

»Ich meine, etwas Größeres. Ich meine, etwas –«

»Unsinn, Lucille«, unterbrach Mrs. Christiansen sie. »Dass die Leute, für die Sie früher gearbeitet haben, nicht so freundlich waren wie wir, bedeutet doch nicht, dass Sie sich für uns krummarbeiten müssen.« Sie wartete darauf, dass Lucille sich zum Gehen wandte, doch die blieb mit verwirrtem Gesichtsausdruck neben dem Schreibtisch stehen. »Mein Mann und ich sind sehr zufrieden mit Ihnen, Lucille.«

»Danke, Ma'am.«

Sie ging wieder ins Kinderzimmer, wo Nicky und Heloise spielten. Es war ihr nicht gelungen, sich Mrs. Christiansen verständlich zu machen. Wenn sie noch einmal zu ihr ging und ihr erklärte, wie sie sich fühlte, wenn sie ihr von ihrer Mutter erzählte und von der Angst, die sie so viele Monate lang gehabt hatte, wenn sie ihr sagte, dass sie es nicht einmal gewagt hatte, etwas zu trinken oder eine Zigarette zu rauchen … und dass die einfache Tatsache, dass sie mit der Familie in diesem wunderschönen Haus sein durfte, sie wieder gesund gemacht hatte … wenn sie ihr all das erzählte, würde es vielleicht die Last von ihr nehmen. Sie wandte sich zur Tür, doch der Gedanke, Mrs. Christiansen zu stören oder sie mit ihrer Geschichte, einer Dienstbotengeschichte, zu langweilen, ließ sie innehalten. Und so trug sie für den Rest des Tages die Dankbarkeit, die sie nicht hatte ausdrücken können, wie eine schwere Bürde in ihrer Brust.

In dieser Nacht saß sie bis nach Mitternacht in ihrem Zimmer und ließ das Licht brennen. Sie hatte jetzt Zigaretten und gestattete sich nur drei, doch selbst die genügten, um das Blut in ihren Ohren brausen zu lassen, um ihren Geist zu entspannen und Träume von Heldentaten in ihr aufsteigen zu lassen. Und als die drei Zigaretten geraucht waren und sie gern noch eine geraucht hätte, erhob sie sich – ihr Kopf fühlte sich ganz leicht an – und legte das Päckchen in die oberste Schublade, um nicht in Versuchung zu kommen. Beim Schließen der Schublade bemerkte sie auf der Schachtel mit den Taschentüchern die beiden Zwanzigdollarscheine, die sie von den Christiansens bekommen hatte. Sie nahm sie und setzte sich wieder auf den Stuhl.

Sie brach ein Streichholz aus einem Streichholzbriefchen, zündete es an und legte es mit dem brennenden Ende nach unten auf den Rand des Aschenbechers. Langsam zündete sie ein Streichholz nach dem anderen an und legte sie so in den Aschenbecher, dass ein kleines, flackerndes, kontrolliertes Feuer entstand. Als alle Streichhölzer verbraucht waren, riss sie das Briefchen in kleine Stücke und fütterte das Feuer nach und nach damit. Schließlich riss sie die Geldscheine mit einiger Anstrengung in etwa gleich große Fetzen und legte sie ebenfalls in das Feuer.

Mrs. Christiansen hatte sie nicht verstanden, doch wenn sie das hier sehen könnte, würde sie vielleicht verstehen. Dennoch war dies nicht genug. Auch treue Dienste waren nicht genug. Für Geld würde jeder treue Dienste leisten. Sie aber war anders. Hatte Mrs. Christiansen das nicht selbst gesagt? Dann fiel ihr ein, was sie außerdem gesagt hatte: »Mein Mann und ich sind sehr zufrieden mit Ihnen, Lucille.«

Die Erinnerung an diese Worte brachte ein entzücktes Lächeln auf ihre Lippen. Sie stand auf. Sie fühlte sich wunderbar stark und sicher in ihrer Position bei den Christiansens. ›Mein Mann und ich sind sehr zufrieden mit Ihnen, Lucille.‹ Es gab eigentlich nur eines, was ihr zum vollkommenen Glück fehlte: Sie musste sich in einer Krise bewähren.

Wenn nur so eine biblische Plage käme … »Und so begab es sich, dass eine große Plage das Land befiel.« So ungefähr hieß es doch in der Bibel. Sie stellte sich vor, dass eine Flutwelle heranbrandete und immer höher stieg, bis zum Kinderzimmer. Sie würde die Kinder retten und sie schwimmend in Sicherheit bringen, wo immer das auch sein mochte.

Rastlos ging sie auf und ab.

Oder wenn es ein Erdbeben gäbe … Sie würde zwischen schwankenden Mauern hindurch ins Haus rennen und die Kinder herausholen. Vielleicht würde sie wegen irgendeiner Kleinigkeit – wegen Nickys Zinnsoldaten oder Heloise' Malkasten – noch einmal hineingehen, und dabei würde sie verschüttet werden und sterben. Dann würden die Christiansens erkennen, wie groß ihre Liebe gewesen war.

Oder es konnte ein Feuer ausbrechen. Überall konnte ein Feuer ausbrechen. Feuer war etwas ganz Gewöhnliches und bedurfte keines himmlischen Ratschlusses. Für ein schreckliches Feuer brauchte es nicht mehr als das Benzin in der Garage und ein Streichholz.

Sie ging hinunter und durch die Verbindungstür zur Garage. Der Tank war einen Meter hoch und ganz voll, und wenn Lucille nicht so überzeugt gewesen wäre von der Notwendigkeit und Wichtigkeit ihrer Tat, wäre es ihr gewiss nicht gelungen, ihn über die Schwelle der Zwischentür und des Eingangs zum Dienstbotenhaus zu bugsieren. Sie rollte den Tank durch den Garten, wie sie Arbeiter Bierfässer und Aschentonnen hatte rollen sehen. Auf dem Rasen machte er kein Geräusch, und als sie einen der gepflasterten Wege überquerte, hörte man nur ein kurzes Rumpeln, das sich in der Nacht verlor.

Nirgends brannte ein Licht, und selbst wenn noch eines der Fenster erleuchtet gewesen wäre, hätte Lucille sich nicht abhalten lassen. Selbst wenn Mr. Christiansen dort am Springbrunnen gestanden hätte, wäre sie unbeirrt geblieben, denn sie hätte ihn vermutlich gar nicht bemerkt. Und außerdem: War sie denn nicht im Begriff, eine edle, heldenhafte Tat zu vollbringen? Nein, sie hätte wohl nur das Haus und die Gesichter der Kinder in dem Fenster im ersten Stock gesehen.

Sie schraubte den Tankverschluss auf und goss etwas Benzin an eine der Ecken des Hauses, rollte den Tank weiter und goss hier und da Benzin auf die weißen Schindeln, bis sie die nächste Hausecke erreicht hatte. Dann zündete sie ein Streichholz an und hielt es an die feuchten Stellen. Ohne sich umzudrehen, ging sie zurück zum Dienstbotenhaus, blieb in der Tür stehen und betrachtete ihr Werk.

Die ersten Flammen züngelten blass und begierig, dann wurden sie gelb, mit rötlichen Streifen. Während Lucille zusah, wich der Druck, der auf ihrem Körper und Geist lastete, von ihr und verschwand für immer – er wich der Konzentration und gewollten Anspannung eines Sprinters, der auf den Startschuss wartet. Bevor sie zu Hilfe eilte, würde sie die Flammen bis hinauf zum Kinderzimmerfenster wachsen lassen, damit die Gefahr möglichst groß wäre. Ein Lächeln wie das einer Heiligen spielte um ihren Mund, und jeder, der sie dort im Eingang hätte stehen sehen, wo ihr Gesicht im Licht des flackernden Feuers erglühte, hätte gefunden, dass sie eine schöne junge Frau war.

Sie hatte an fünf Stellen Feuer gelegt, und die Flammen krochen nun an der Hauswand empor wie die Finger einer Hand – warm und flackernd, sanft und streichelnd. Lucille lächelte. Noch hielt sie sich zurück. Die plötzliche Explosion des Benzintanks, der zu heiß geworden war, klang wie ein Kanonenschuss und erhellte einen Augenblick lang die ganze Szene.

Als wäre dies das Signal gewesen, auf das sie gewartet hatte, ging Lucille zuversichtlich und entschlossen auf das große Haus zu.

TERESA PRÄAUER

Wer hat Angst vor Ida?

Ich habe vor einiger Zeit, die Pandemie hatte uns bekanntermaßen vom Ausgehen abgehalten, im Internet eine Malerin kennengelernt. Mir gefiel besonders ihr lebenslustiges Porträtfoto, außerdem war ich neugierig auf ihre farbenfrohen, etwas surreal anmutenden kleinteiligen Arbeiten. Sie veröffentlichte beinah täglich auf den bekannten sozialen Plattformen und fiel einfach auf.

Und dann passierte etwas, das nur im Internet passieren kann: Sie ›folgte‹ mir, gab mir ›Likes‹ und setzte Herzchen unter meine Postings. Für Menschen, die kein Internet benutzen, sind Herzchen vielleicht keine Form von Währung – für alle anderen bedeuten sie jedoch Aufmerksamkeit und Anerkennung. Und so beschloss ich eines Tages, dieser Malerin persönlich zu schreiben, und sie antwortete mir. Später trafen wir uns und veranstalteten auch einmal einen Abend im Wiener Literaturhaus.

Ida Szigethy ist übrigens im Jahr 1933 in Wien geboren. Ihre malerischen Arbeiten waren zuletzt beispielsweise in der Albertina Modern zu sehen. Und sie hat 2018 im Verlag Bibliothek der Provinz ihren poetischen Briefwechsel mit dem Schriftsteller Konrad Bayer veröffentlicht: Im Buch *chère ida* findet sich in einem Gedicht Bayers eine der zahlreichen Erinnerungen an diese Begegnung: »eine gelbe tapete / über einer tapete in der farbe deiner Strümpfe / über einer tapete in scharlach und samt / ein paket whistkarten ohne karo zehn / adieu chérie / conrad«. Die beiden hatten einander nach dem Krieg im Art Club, einer Wiener Künstlervereinigung, die im sogenannten Strohkoffer im Keller der Loos-Bar verkehrte, kennen- und lieben gelernt.

Ida arbeitet heute noch regelmäßig in ihrem Atelier in ihrer Wiener Wohnung an ihren Bildern. Sie sind voll mit Pflanzen, Tieren und erfundenen Lebewesen. Sie empfängt Gäste, trifft Freunde und postet viel im Internet. Sie fährt nach Italien und geht gern in Konzerte. Sie sieht fabelhaft aus und, soweit ich es beurteilen kann, ist sie fit wie ein Turnschuh. Ich finde Ida ziemlich bewundernswert und wirklich cool.

Letztens schickte sie mir ein Bild über den Messenger einer bekannten Foto-App. Dieses Bild wurde durch eine automatische Zensur allerdings schwarz abgedeckt. Eine Warnung war in weißen Buchstaben nun auf das schwarze Quadrat gelegt. Sie lautete wie folgt: »Wir zeigen das Bild nur verschwommen, um dich vor unerwünschten Inhalten zu schützen. Tippe, um eine Vorschau zu sehen.« Ich tippte auf die Warnung. Verschwommen kam eine Malerei von Ida zum Vorschein. Ihr Titel war »Adam, gib acht« aus dem Jahr 1976. Zu sehen ist ein ritterlicher Adam in einer Art von Baseball-Outfit, eine nackte Eva mit Apfel in der Hand und eine Gemüsehändlerin vor grünen und roten Äpfeln. Es ist ein komisches Bild, erzählerisch und doch rätselhaft. Keineswegs müsste vor dem Anblick eines solchen Gemäldes gewarnt werden – aber erklär einer das dem Algorithmus!

Das Internet mit seiner harmlosen Herzchen-Währung fürchtet sich offensichtlich vor der nackten Eva. Es hat sicherlich auch Angst vor Virginia Woolf. Und es sollte sich tatsächlich vor Ida Szigethy in Acht nehmen: Diese Frauen gibt es nämlich alle schon viel, viel länger als das Internet.

JEREMIAS GOTTHELF

Elsi, die seltsame Magd

Reich an schönen Tälern ist die Schweiz, wer zählte sie wohl auf? In keinem Lehrbuch stehn sie alle verzeichnet. Wenn auch nicht eins der schönsten, so doch eines der reichsten ist das Tal, in welchem Heimiswyl liegt und das oberhalb Burgdorf ans rechte Ufer der Berner Emme sich mündet. Großartig sind die Berge nicht, welche es einfassen, in absonderlichen Gestalten bieten sie dem Auge sich nicht dar; es sind mächtige Emmentaler Hügel, die unten heitergrün und oben schwarzgrün sind, unten mit Wiesen und Äckern eingefaßt, oben mit hohen Tannen bewachsen. Weit ist im Tale die Fernsicht nicht, da es ein Quertal ist, welches in nordwestlicher Richtung ans Haupttal stößt; die Alpen sieht man daher nur auf beiden Eggen, welche das Tal umfassen, da aber auch in heller Pracht und gewaltigem Bogen am südlichen Himmel. Herrlich ist das Wasser, das allenthalben aus Felsen bricht, einzig sind die reichbewässerten Wiesen und trefflich der Boden zu jeglichem Anbau, reich ist das Tal und schön und zierlich die Häuser, welche das Tal schmücken. Wer an den berühmten Emmentaler Häusern sich erbauen will, der findet sie zahlreich und ausgezeichnet in genanntem Tale.

Auf einem der schönen Höfe lebte im Jahr 1796 als Magd Elsi Schindler (dies soll aber nicht der rechte Name gewesen sein); sie war ein seltsam Mädchen, und niemand wußte, wer sie war und woher sie kam. Im Frühjahr hatte es einmal noch spät an die Türe geklopft, und als der Bauer zum Läufterli hinausguckte, sah er ein großes Mädchen draußen stehen mit einem Bündel unter dem Arme, das über Nacht fragte, nach altherkömmlicher Sitte, nach welcher jeder geldlose Wanderer, oder wer sonst gerne das Wirtshaus meidet, um Herberge frägt in den Bauernhäusern und nicht nur umsonst ein Nachtlager erhält, bald im warmen Stall, bald im warmen Bette, sondern auch abends und morgens sein Essen und manchmal noch einen Zehrpfennig auf den Weg. Es gibt deren Häuser im Bernbiet, welche die Gastfreundschaft täglich üben den Morgenländern zum Trotz und deren Haus selten eine Nacht ohne Übernächtler ist. Der Bauer hieß das Mädchen hereinkommen, und da sie eben am Essen waren, hieß er es gleich zuechehocke. Auf der Bäurin Geheiß mußte das Weibervolk auf dem Vorstuhl sich zusammenziehen, und zu unterst auf selbigen setzte sie die Übernächtlerin.

Man aß fort, aber einige Augenblicke hörte man des Redens nicht viel, alle mußten auf das Mädchen sehen. Dasselbe war nämlich nicht nur groß, sondern auch stark gebaut und schön von Angesicht. Gebräunt war dasselbe wohl, aber wohl geformt, länglicht war das Gesicht, klein der Mund, weiß die Zähne darin; ernst und groß waren die Augen, und ein seltsam Wesen, das an einer Übernächtlerin besonders auffiel, machte, daß die Essenden nicht fertig wurden mit Ansehen. Es war eine gewisse adeliche Art an dem Mädchen, die sich weder verleugnen noch annehmen läßt, und es kam allen vor, als säße sie da unten als des Meisters Tochter oder als eine, die an einem Tische zu befehlen oder zu regieren gewohnt sei. Es verwunderten sich daher alle, als das Mädchen auf die endlich erfolgte Frage des Bauern: »Wo chunst und wo wottsch?« antwortete: Es sei ein arm Meitli, die Eltern seien ihm gestorben, und es wolle Platz suchen als Jungfere da in den Dörfern unten. Das Mädchen mußte noch manche Frage ausstehen, so ungläubig waren alle am Tisch. Und als endlich der Bauer mehr zur Probe als im Ernste sagte: »Wenn es dir ernst ist, so kannst hier bleiben, ich mangelte eben eine Jungfere«, und das Mädchen antwortete, das wäre ihm gerade das Rechte, so brauchte es nicht länger herumzulaufen, so verwunderten sich alle noch mehr und konnten es fast nicht glauben, daß das eine Jungfere werde sein wollen.

Und doch war es so und dem Mädchen bitterer Ernst, aber freilich dazu war es nicht geboren. Es war eine reiche Müllerstochter aus vornehmem Hause, aus einem der Häuser, von denen ehedem, als man das Geld nicht zu nutzen pflegte, die Sage ging, bei Erbschaften und Teilungen sei das Geld nicht gezählt, sondern mit dem Mäß gemessen worden. Aber in der letzten Hälfte des vergangenen Jahrhunderts war ein grenzenloser Übermut eingebrochen, und Viele taten so übermütig wie der verlorne Sohn, ehe er zu den Trebern kam. Damals war es, daß reiche Bauernsöhne mit Neutalern in die Wette über die Emme warfen und machten »Welcher weiter?«. Damals war es, als ein reicher Bauer, der zwölf Füllimähren auf der Weide hatte, an einem starkbesuchten Jahrmarkt austrommeln ließ: Wer mit dem Rifershäuserbauer zu Mittag essen und sein Gast sein wolle, der solle um zwölf Uhr im Gasthause zum Hirschen sein.

So einer war auch des Mädchens Vater gewesen. Bald hielt er eine ganze Stube voll Leute zu Gast, bald prügelte er alle, die in einem Wirtshause waren, und leerte es; am folgenden Morgen konnte er dann ausmachen um schwer Geld dutzendweise. Er war imstande, als Dragoner an einer einzigen Musterung hundert bis zweihundert Taler zu brauchen und ebenso viel an einem Markt zu verkegeln. Wenn er zuweilen recht einsaß in einem Wirtshause, so saß er dort acht Tage lang, und wer ins Haus kam, mußte mit dem reichen Müller trinken, oder er kriegte Schläge von ihm. Auf diese Weise erschöpft man eine Goldgrube, und der Müller ward nach und nach arm, wie sehr auch seine arme Frau dagegen sich wehrte und nach Vermögen zur Sache sah.

Sie sah das Ende lange voraus, aber aus falscher Scham deckte sie ihre Lage vor den Leuten zu. Ihre Verwandten hatten es ungern gesehen, daß sie den Müller geheiratet, denn sie war von braven Leuten her, welchen das freventliche Betragen des Müllers zuwider war; sie hatte es erzwungen und auf Besserung gehofft, aber diese Hoffnung hatte sie betrogen – wie noch manche arme Braut – und statt besser war es immer schlimmer gekommen. Sie durfte dann nicht klagen gehen, und darum merkten auch die Leute, gäb wie sie sich wunderten, wie lange der Müller es machen könnte, den eigentlichen Zustand der Dinge nicht, bis die arme Frau, das Herz vom Geier des Grams zerfressen, ihr Haupt neigte und starb. Da war nun niemand mehr, der sorgte und zudeckte; Geldmangel riß ein, und wo der sichtbar wird, da kommen wie Raben, wenn ein Aas gefallen, die Gläubiger gezogen und immer mehrere, denn einer zieht den andern nach, und keiner will der letzte sein. Eine ungeheure Schuldenlast kam an Tag, der Geltstag brach aus, verzehrte alles, und der reiche Müller ward ein alter, armer Hudel, der in der Kehr gehen mußte von Haus zu Haus gar manches Jahr, denn Gott gab ihm ein langes Leben. So aus einem reichen Mann ein armer Hudel zu werden und als solcher so manches Jahr umgehen zu müssen von Haus zu Haus, ist eine gerechte Strafe für den, der in Schimpf und Schande seine Familie stürzt und sie so oft noch um mehr bringt als um das leibliche Gut. So einer ist aber auch eine lebendige Predigt für die übermütige Jugend, ob welcher sie lernen mag das Ende, welches zumeist dem Übermute gesetzet ist.

Zwei Söhne hatte der Müller, diese waren schon früher der väterlichen Roheit entronnen, hatten vor ihr im fremden Kriegsdienst Schutz gesucht. Eine Tochter war geblieben im Hause, die schönste, aber auch die stolzeste Müllerstochter das Land auf und ab. Sie hatte wenig teilgenommen an den Freuden der Jugend; sie gefielen ihr nicht, man hielt sie zu stolz dazu. Freier hatten sie umlagert haufenweise, aber einer gefiel ihr so schlecht als der andere, ein jeder erhielt so wenig ein freundlich Wort als der andere. Ein jeder derselben ward ihr Feind und verschrie ihren Übermut. Zu einem aber ward sie nie zu stolz erfunden, zur Arbeit nämlich und zu jeglicher Dienstleistung, wo Menschen oder Vieh derselben bedurften. Von Jugend an war sie früh auf, griff alles an, und alles stund ihr wohl, und gar oft waren es die Eltern, die ihren Willen hemmten, ihr dies und jenes verboten, weil sie meinten, einer reichen Müllerstochter zieme solche Arbeit nicht. Dann schaffte sie gar manches heimlich, und oft, wenn ihre kranke Mutter des Nachts erwachte, sah sie ihre Tochter am Bette sitzen, während sie doch einer Magd zu wachen befohlen, ihre Tochter aber mit allem Ernst zu Bette gehen geheißen hatte.

Als nun die Mutter gestorben war und das Unglück ausbrach, da wars, als wenn ein Blitz sie getroffen. Sie jammerte nicht, aber sie schien stumm geworden, und die Leute hatten fast ein Grausen ob ihr, denn man sah sie oft stehen auf hohem Vorsprung oder an tiefem Wasser und ob den Mühlrädern am Bache, und alle sagten, es gebe sicher ein Unglück, aber niemand reichte die Hand, selbigem auf irgend eine Weise vorzubeugen. Alle dachten, und Viele sagten es, es geschehe Elsi recht, Hochmut komme vor dem Falle, und so sollte es allen gehen, die so stolz wie Elsi täten; und als dasselbe am Morgen, als alles aufgeschrieben werden sollte, verschwunden war, sagten alle: Da hätte mans, und sie hätten es längst gesagt, daß es diesen Ausweg nehmen würde. Man suchte es in allen Bächen, an jungen Tannen, und als man es nirgends fand, da deuteten Einige darauf hin, daß einer sei, der schon Viele geholt und absonderlich Stolze und Übermütige, und noch nach manchem Jahre ward stolzen Mädchen darauf hingedeutet, wie einer sei, der gerade Stolze am liebsten nehme; sie sollen nur denken an die reiche Müllerstochter, die so ungesinnet verschwunden sei, daß man weder Haut noch Haar je wieder von ihr gesehen.

So übel war es indes Elsi nicht ergangen, aber Böses hatte es allerdings in den ersten Tagen im Sinne gehabt. Es war ihm gewesen, als klemme jemand ihm das Herz entzwei, als türmten sich Mühlsteine an seiner Seele auf; es war ein Zorn, eine Scham in ihm, und die brannten ihns, als ob es mitten in der Hölle wäre. Allen Leuten sah es an, wie sie sein Unglück ihm gönnten, und wenn man ihm alle Schätze der Welt geboten hätte, es wäre nicht imstande gewesen, einem einzigen Menschen ein freundlich Wort zu geben.

Indessen wachte über dem armen Kinde eine höhere Hand und ließ aus dessen Stolze eine Kraft emporwachsen, welche demselben zu einem höhern Entschlusse half; denn so tut es Gott oft, eben aus dem Kerne, den die Menschen verworfen, läßt er emporwachsen die edelste Frucht. Der Stolz des Mädchens war ein angeborner Ekel gegen alles Niedere, geistig Hemmende, und wer es einmal beten gesehen hätte, hätte auch gesehen, wie es sich demütigen konnte vor dem, in dem nichts Niederes, nichts Gemeines ist. Aber sein Inneres verstund es nicht, sein Äußeres beherrschte es nicht, und darum gebärdete es sich wie eine reiche Müllerstochter, welcher die ganze Welt nicht vornehm genug ist. Da weg wollte es, aber vor der Untat schauderte es; die Schande wollte es seiner Familie nicht antun, wollte nicht die Seele mit dem Leibe verderben, aber wie sich helfen, wußte es lange nicht. Da, in stiller Nacht, als eben seine Angst um einen Ausweg am größten war, öffnete ihm Gott denselben. Weit weg wollte es ziehen, Dienst suchen als niedere Magd an einsamem Orte, dort in Stille und Treue unbekannt sein Leben verbringen, solange es Gott gefalle. Wie in starken Gemütern kein langes Werweisen ist, wenn einmal ein Weg offen steht, so hatte es noch in selber Nacht sich aufgemacht, alle Hoffart dahinten gelassen, nur mitgenommen, was für eine Magd schicklich war, keinem Menschen ein Wort gesagt und war durch einsame Steige fortgegangen aus dem heimischen Tale. Manchen Tag war es gegangen in die Kreuz und Quere, bald gefiel es ihm nicht, bald gedachte es an bekannte Namen, die hier oder dort wohnten, und so war es gekommen bis ins Heimiswyltal. Dort hinten im heimeligen Tale gefiel es ihm, es suchte Dienst und fand ihn.

Die rasche Aufnahme desselben war anfangs der Bäurin nicht recht; sie kapitelte den Mann ab, daß er ihr da eine aufgebunden habe, die so zimpfer aussehe und zu hochmütig, um sich etwas befehlen zu lassen. Des tröstete sie der Bauer, indem das Mädchen ja nicht für eine bestimmte Zeit gedungen sei, man also dasselbe schicken könne, sobald es sich nicht als anständig erweise. Auch dem übrigen Gesinde war die Aufnahme des Mädchens nicht recht, und lang ging dasselbe um ihns herum wie Hühner um einen fremden Vogel, der in ihrem Hof absitzt.

Aber bald erkannte die Bäurin, daß sie in Elsi ein Kleinod besitze, wie sie keines noch gehabt, wie es mit Geld nicht zu bezahlen ist. Elsi verrichtete, was es zu tun hatte, nicht nur meisterhaft, sondern es sinnete auch selbst, sah, was zu tun war, und tat es ungeheißen rasch und still, und wenn die Bäurin sich umsah, so war alles schon abgetan als wie von unsichtbaren Händen, als ob die Bergmännlein dagewesen wären. Das nun ist einer Meisterfrau unbeschreiblich anständig, wenn sie nicht an alles sinnen, allenthalben nachsehen muß, wenn sie nicht nur das Schaffen, sondern auch das Sinnen übertragen kann; aber sie findet selten einen Dienst, bei welchem sie dieses kann. Viele Menschen scheinen nicht zum Sinnen geboren, und Viele wiederum haben ihre Gedanken nie da, wo es nötig wäre, und Wenige sind, die wache Sinne haben, geleitet und gehütet von klarem

Verstande, und aus diesen Wenigen sind wiederum Wenige, die zum Dienen kommen, oder dienen selten lange, denn das sind geborene Meisterleute. Daneben hatte Elsi nichts auf Reden, mit niemand Umgang, und was es sah im Hause oder hörte, das blieb bei ihm; keine Nachbarsfrau vernahm davon das Mindeste, sie mochte es anstellen, wie sie wollte. Mit dem Gesinde machte es sich nicht gemein. Die rohen Späße der Knechte wies es auf eine Weise zurück, daß sie dieselben nicht wiederholten, denn Elsi besaß eine Kraft, wie sie selten ist beim weiblichen Geschlechte, und dennoch ward es von demselben nicht gehaßt. Niemanden verklagte es, und wenn es Knecht oder Magd einen Dienst tun konnte, so sparte Elsi es nicht, und manches tat es ab in der Stille, was die Andern vergaßen und deshalb hart gescholten worden wären, wenn die Meisterleute es gesehen hätten.

So ward Elsi bald der rechte Arm der Meisterfrau, und wenn sie etwas auf dem Herzen hatte, so war es Elsi, bei dem sie es erleichterte. Aber eben deswegen ärgerte es sie an Elsi, daß es nicht Vertrauen mit Vertrauen vergalt. Natürlich nahm es sie wunder, wer Elsi war und woher es kam, denn daß es nicht sein Lebtag gedient hatte, sondern eher befohlen, das merkte sie an gar vielem, besonders eben daran, daß es selbst dachte und alles ungeheißen tat. Sie schlug daher oft auf die Stauden und frug endlich geradeaus. Elsi seufzte wohl, aber sagte nichts und blieb fest dabei, wie auch die Meisterfrau ansetzte auf Weiberweise, bald mit Zärtlichkeit und bald mit Giftigkeit. Heutzutage hätte man es kürzer gemacht und nach den Schriften gefragt, absonderlich nach dem Heimatschein, den man hinterlegen müsse, wenn man nicht in der Buße sein wollte; damals dachte man an solche Dinge nicht, und im Bernbiet konnte man sein Lebtag inkognito verweilen, wenn man nicht auf irgend eine absonderliche Weise der Polizei sich bemerkbar machte.

Wie sehr dies auch die Frau verdroß, so lähmte es doch ihr Vertrauen nicht, und wenn sie Donnstags nicht nach Burgdorf auf den Markt konnte, wohin schon damals die Heimiswyler Weiber alle Donnstage gingen, so sandte sie Elsi mit dem, was Verkäufliches bei der Hand war, und Aufträgen, wie des Hauses Bedarf sie forderte. Und Elsi richtete aufs Treulichste alles aus und war heim, ehe man daran dachte, denn nie ging es in ein Wirtshaus, weder an Markttagen noch an Sonntagen, wie ihm auch zugeredet ward von Alt und Jung. Anfangs meinte man, sein Weigern sei nichts als die übliche Ziererei, und fing an, nach Landessitte zu schreißen und zu zerren; aber es half nichts, Elsi blieb standhaft. Man sah es mit Erstaunen; denn ein solch Mädchen, das sich nicht zum Weine schreißen ließ, war noch Keinem vorgekommen. Am Ende setzte man ab mit Versuchen und kriegte Respekt vor ihm.

Wenn aber einmal die jungen Leute vor einem schönen Mädchen Respekt kriegen, da mag es wohl nach und nach sicher werden vor denen, welche Mädchen wie Blumen betrachten, mit denen man umgehen kann nach Gelüsten. Aber nun erst kommen die herbei, welche Ernst machen wollen, welche eine schöne Frau möchten und eine gute. Deren waren nun damals im Heimiswylergraben Viele, und sie waren einstimmig der Meinung, daß nicht für jeden eine im Graben selbst zu finden sei. Freilich wollten die Meisten zu guten und schönen noch reiche Weiber. Aber man weiß, wie das beim jungen Volke geht, welches alle Tage eine andere Rechnung macht und immer das am höchsten in Rechnung stellt, was ihm gerade am besten gefällt. Darum war Elsi vor diesen alle Tage weniger sicher; sie sprachen es an auf dem Kirchweg und auf dem Märitweg, und des Nachts hoscheten sie an sein Fenster, sagten ihm Sprüche her, und wenn sie hintenaus waren, fingen sie sie wieder von vornen an, aber alles umsonst. Elsi gab auf dem Wege wohl freundlichen Bescheid, aber aus dem Gaden denen vor den Fenstern nie Gehör. Und wenn, wie es im Bernbiet oft geschieht, die Fenster eingeschlagen, die Gadentüre zertrümmert wurde, so half das seinen Liebhabern durchaus nichts. Entweder schaffte es sich selbsten Schutz und räumte das Gaden wieder, oder es stieg durchs Ofenloch in die untere Stube hinab; dorthin folgt kein Kiltbub einem Mädchen.

Unter denen, welche gerne eine schöne und gute Frau gehabt hätten, war ein Bauer, nicht mehr ganz jung. Aber noch nie war eine ihm schön und gut genug gewesen, und wenn er auch eine gefunden zu haben glaubte, so brauchte die nur mit einem andern Burschen ein freundlich Wort zu wechseln, so war er fertig mit ihr und sah sie nie mehr an. Christen hieß der Bursche, der von seiner Mutter her einen schönen Hof besaß, während sein Vater mit einer zweiten Frau und vielen Kindern einen andern Hof bewirtschaftete. Christen war hübsch und stolz, keinen schönern Kanonier sah man an den Musterungen, keinen tüchtigern Bauer in der Arbeit und keinen kuraschierteren Menschen im Streit. Aber allgemach hatte er sich aus den Welthändeln zurückgezogen. Die Mädchen, welche am Weltstreit vordem die Hauptursache waren – jetzt ist es das Geld –, waren ihm erleidet; er hielt keines für treu, und um ihn konnte der Streit toben, konnten Gläser splittern neben ihm und Stuhlbeine krachen, er bewegte sich nicht von seinem Schoppen. Nur zuweilen an einem Burgdorfmarkt, wenn die Heimiswyler mit ihren Erbfeinden, den Krauchthalern, nicht fahren mochten und Bott um Bott kam, ihn zu entbieten und zuletzt dr tusig Gottswillen, stund er auf und half mit wackeren Streichen seinen bedrängten Kameraden wieder auf die Beine.

Mit Mägden hatte er sich, wie es einem jungen Bauer ziemt, natürlich nie abgegeben; aber Elsi hatte so etwas Apartes in seinem Wesen, daß man es nicht zu den Mägden zählte und daß alle darüber einig waren, von der Gasse sei es nicht. Um so begieriger forschte man, woher denn eigentlich, aber man erforschte es nicht. Dies war zum Teil Zufall, zum Teil war der Verkehr damals noch gar sparsam, und was zehn Stunden auseinander lag, das war sich fremder, als was jetzt fünfmal weiter auseinander ist. Wie allenthalben, wo ein Geheimnis ist, Dichtungen entstehen, und wie, wo Weiber sind, Gerüchte umgehen, so ward gar mancherlei erzählt von Elsis Herkommen und Schicksalen. Die Einen machten eine entronnene Verbrecherin aus ihm, Andere eine entlaufene Ehefrau, Andere eine Bauerntochter, welche einer widerwärtigen Heirat entflohen, noch Andere eine unehliche Schwester der Bäurin oder eine unehliche Tochter des Bauern, welche auf diese Weise ins Haus geschmuggelt worden. Aber weil Elsi unwandelbar seinen stillen Weg ging, fast wie ein Sternlein am Himmel, so verloren all diese Gerüchte ihre Kraft, und eben das Geheimnisvolle, Besondere in seiner Erscheinung zog die junge Mannschaft an und absonderlich Christen. Sein Hof war nicht entfernt von Elsis Dienstort, das Land stieß fast aneinander, und wenn Christen ins Tal hinunter wollte, so mußte er an ihrem Hause vorbei. Anfangs tat er sehr kaltblütig. Wenn er Elsi zufällig antraf, so sprach er mit ihm, stellte sich wohl auch bei ihm, wenn es am Brunnen unterm breiten Dache Erdäpfel wusch oder was anderes. Elsi gab ihm freundlichen Bescheid, und ein Wort zog das andere Wort nach sich, daß sie oft gar nicht fertig werden konnten mit Reden, was andern Leuten aber eher auffiel als ihnen selbst. Auch Christen wollte Elsi Wein zahlen, wenn er es in Burgdorf traf oder mit ihm heimging am Heimiswyler Wirtshause vorbei. Aber ihm so wenig als Andern wollte Elsi in ein Wirtshaus folgen, ein Glas Wein ihm abtrinken. Das machte Christen erst bitter und bös; er war der Meinung, daß wenn ein junger Bauer einer Magd eine Halbe zahlen wolle, so sei das eine Ehre für sie, und übel an stünde es ihr, diese auszuschlagen. Da er aber sah, daß sie es allen so machte, hörte, daß sie nie noch ein Wirtshaus betreten, seit sie hier sei, so gefiel ihm das und zwar immer mehr. Das wäre eine Treue, dachte er, die nicht liebäugelte mit jedem Türlistock, nicht um einen halben Birenstiel mit jedem hinginge, wo er hin wollte; wer so eine hätte, könnte sie zur Kirche und auf den Markt schicken oder allein daheim lassen, ohne zu fürchten, daß jemand anders ihm ins Gehege käme. Und doch konnte er die Versuche nicht lassen, so oft er Elsi auf einem Wege traf, dasselbe zum Weine zu laden oder ihm zu sagen, am nächsten Sonntag gehe er dorthin, es solle auch kommen, und allemal ward er böse, daß er einen Abschlag erhielt.

Es ist kurios mit dem Weibervolke und dem Männervolk. Solange sie ledig sind, bloß werben oder Brautleute sind, da ist das Weibervolk liebenswürdig aus dem ff und das Männervolk freigebig, daß einem fast übel wird, und zwar gleich zu Stadt und Land. So ein Bursche zum Beispiel läßt Braten aufstellen oder wenigstens einen Kuchen, und sollte er ihn unter den Nägeln hervorpressen, versteigt sich zu rotem Weine, gegenwärtig sogar zu Champagner aus dem Welschland, und nicht oft genug kann er sein Mädchen zum Wein bestellen; er tut, als ob er ein Krösus wäre und sein Vater daheim nicht mehr Platz hätte zum Absitzen vor lauter Zäpfen und Päcklein. Ist derselbe aber einmal verheiratet, dann hat die Herrlichkeit ein Ende, und je freigebiger er gewesen, desto karger wird er, und allemal wenn sein Weib mit ihm ins Wirtshaus will, so setzt es Streit ab, und wenn das Weib es einmal im Jahr erzwängt, so hält der Mann es ihr sieben Jahre lang vor. Ähnlich haben es die Mädchen mit der Liebenswürdigkeit, wenn sie Weiber werden. Eins zahlt immer das Andere, heißt es, aber schwer ists, zu entscheiden, ob der Mann zuerst von der Freigebigkeit läßt oder das Weib von der Liebenswürdigkeit. Es wird halt auch so sein wie mit dem Speck, mit welchem man die Mäuse fängt; ist die Maus gefangen und der Speck gefressen, so wächst auch nicht neuer Speck nach und der alte ist und bleibt gefressen.

Aus diesem Grunde wahrscheinlich kömmt es, daß die meisten städtischen Väter ihren Töchtern ein Sackgeld vorbehalten, welches aber sehr oft nicht ausgerichtet wird; auf dem Lande ist man noch nicht so weit und namentlich im Heimiswylgraben nicht.

Trotz dem Bösewerden ward Elsi dem Christen doch immer lieber, immer mehr drang sich ihm die Überzeugung auf: die oder keine. Ihm zu Lieb und Ehr tat er manchen Gang, war oft zu Abendsitz in des Bauern Haus und immer öfters vor des Mädchens Fenster, doch immer vergeblich, und allemal nahm er sich vor, nie mehr zu gehen, und nie konnte er seinen Vorsatz halten. Elsi kam, wenn es seine Stimme hörte, wohl unters Fenster und redete mit ihm, aber weiter brachte Christen es nicht. Je zärtlicher er redete, desto mehr verstummte das Mädchen; wenn er von Heiraten redete, so brach es ab, und wenn er traulich wurde, die eigenen Verhältnisse auseinandersetzte und nach denen von Elsi forschte, so machte dasselbe das Fenster zu. Dann ward Christen sehr böse; er ahnete nicht, welchen Kampf Elsi im Herzen bestand.

Anfänglich war es Elsi wohl in der Fremde, so alleine und ohne alles Kreuz vom Vater her, aber allgemach ward eben dieses Alleinestehen ihm zur Pein, denn ohne Bürde auf der Welt soll der Mensch nicht sein. So niemand zu haben auf der Welt, zu dem man sich flüchten, auf den man in jeder Not bauen kann, das ist ein Weh, an dem manches Herz verblutet. Als Christen der stattlichen Maid sich nahte, tat es Elsi unendlich wohl; Christen war ja eine Brücke in seine alten Verhältnisse, von der Magd zur Meisterfrau. Aber um zu heiraten, mußte es sagen, wer es war, mußte seine Verhältnisse offenbaren, mußte in der Heimat sagen, wohin es gekommen; das wars, was es nicht konnte. Es war überzeugt, daß Christen, sobald er wußte, wer es war, ihns sitzen ließe, und das wollte es nicht ertragen. Es wußte zu gut, wie übel berüchtigt sein Vater war Land auf, Land ab und daß man in diesem Tale hundertmal lieber ein arm Söhniswyb wollte als eines von übel berüchtigter Familie her. Wie manches arme Kind sich eines reichen Mannes freut seiner Eltern wegen, weil es hofft, Sonnenschein bringen zu können in ihre trüben alten Tage, so kann ein Kind schlechter Eltern sich nicht freuen. Es bringt nichts als die Schande mit in die neue Familie; den schlechten Eltern kann es nicht helfen, nicht helfen von ihrer Schande, nicht helfen von ihren Lastern. So wußte auch Elsi, daß seinem Vater nicht zu helfen war, auf keine Weise. Geld war nur Öl ins Feuer, und ihn bei sich ertragen, das hätte es nicht vermocht und hätte es viel weniger einem Manne zugemutet, was die leibliche Tochter nicht ertrug. Das ist eben der Fluch, der auf schlechten Eltern liegt, daß sie das Gift werden in ihrer Kinder Leben; ihr schlechter Name ist das Gespenst, das umgeht, wenn sie selbst schon lange in ihren Gräbern modern, das sich an die Fersen der Kinder hängt und unheilbringend ihnen erscheinet, wenn Glück sich ihnen nahen, bessere Tage ihnen aufgehen wollen.

Es kämpfte hart in dem armen Mädchen, aber sein Geheimnis konnte es nicht offenbaren. Wenn Christen je gesehen hätte, wie der Kampf Elsi Tränen auspreßte, wie es seufzte und betete, er wäre nicht so böse geworden, er hätte vielleicht in verdoppelter Liebe das Geheimnis entdeckt; aber was da innen in uns sich reget, das hat Gott nicht umsonst dem Auge Anderer verborgen. Es kam Elsi oft an, wegzuziehen in dunkler Nacht, wieder zu verschwinden, wie es in seiner Heimat verschwunden war, und doch vermochte es dasselbe nicht. Es redete sich ein, die Leute würden ihm Böses nachreden, es sei mit dem Schelmen davongegangen oder noch Schlimmeres; aber es war etwas anderes, welches ihns hielt, was es sich aber selbst nicht gestand. So litt das arme Mädchen sehr, das höchste Glück ihm so nahe und doch ein Gespenst zwischen ihm und seinem Glück, das ihns ewig von selbigem schied. Und dieses Gespenst sahen andere Augen nicht; es durfte nicht schreien, es mußte die bittersten Vorwürfe ertragen, als ob es schnöde und übermütig das Glück von sich stieße.

Diese Vorwürfe machten ihm nicht nur Christen, sondern auch die Bäurin, welche Christens Liebe sah und ihrer Magd, welche ihr lieb wie eine Schwester war, dieses Glück wohl gönnte, was nicht alle Meisterfrauen getan hätten, aufsätzig. Bei diesen Anlässen konnte sie recht bitter werden in den Klagen über Mangel an Zutrauen, ja manchmal sich des Deutens nicht enthalten, daß Elsi wohl etwas Böses zu bewahren hätte, weil es dasselbe nicht einmal ihr, welche es doch so gut meine, anvertrauen wolle.

Das fühlte Elsi mit Bitterkeit, es sah recht elend aus, und doch konnte es nicht fort, konnte noch viel weniger das Gespenst bannen, das zwischen ihm und seinem Glücke stand. Da geschah es am alten Neujahr, das heißt an dem Tage, auf welchen nach dem alten Dato, nach russischem Kalender, das Neujahr gefallen wäre und welches, so wie die alte Weihnacht, ehedem noch allgemein gefeiert wurde auf dem Lande, jetzt nur noch in einigen Berggegenden, daß Elsi mit der Bäurin nach Burgdorf mußte. Der Tag war auf einen Markttag gefallen, es war viel Volk da, und lustig ging es her unterm jungen Volk, während unter den Alten viel verkehrt wurde von den Franzosen, von welchen die Rede war, wie sie Lust hätten an das Land hin, wie man sie aber bürsten wollte, bis sie genug hätten. Nur vorsichtig ließen hier und da Einige verblümte Worte fallen von Freiheit und Gleichheit und den gestrengen Herren zu Bern, und sie taten wohl mit der Vorsicht, denn Teufel und Franzos war denen aus den Bergen ungefähr gleichbedeutend.

Als die Bäurin ihre Geschäfte verrichtet hatte, steuerte sie ihrem üblichen Stübli zu, denn z'leerem ging sie von Burgdorf nicht heim und namentlich am alten Neujahr nicht. Sie wollte Elsi mitnehmen, welches aber nicht wollte, sondern sich entschuldigte, es hätte nichts nötig, und wenn sie Beide hineingingen, so müßten sie pressieren, weil niemand daheim die Sache mache; gehe es aber voran, so könne die Bäurin bleiben, solange es ihr anständig sei, bis sie Kameradschaft fände für heim oder gar eine Gelegenheit zum Reiten.

Wie sie da so märteten mit einander, kam Christen dazu, stund auf Seite der Meisterfrau und sagte Elsi, jetzt müsse es hinein; das wäre ihm doch seltsam, wenn ein Meitschi wie es in kein Wirtshaus wollte, es wäre das erste. Elsi blieb fest und lehnte manierlich ab: Es möge den Wein nicht erleiden, sagte es, und daheim mache niemand die Haushaltung. Es müsse kommen, sagte Christen; trinken könne es, so wenig es wolle, und gehen, wenn es wolle, aber einmal wolle er wissen, ob es sich seiner verschäme oder nicht.

Das sei einfältig von ihm, sagte Elsi, er solle doch denken, wie eine arme Magd eines Bauern sich verschämen sollte, und zürnen solle er nicht, aber es sei sein Lebtag sein Brauch gewesen, sich nicht eigelich zu machen, sondern erst zu sinnen, dann zu reden, dann bei dem zu bleiben, was geredet worden. Die gute Bäurin, welche wenig von andern Gründen wußte als von Mögen und nicht Mögen, half drängen und sagte, das sei doch wunderlich getan, und wenn zu ihrer Zeit sie ein ehrlicher, braver Bursche zum Weine habe führen wollen, so hätte sie sich geschämt, es ihm abzusagen und ihm diese Schande anzutun.

Es ist nun nichts, welches den Zorn des Menschen eher entzündet, sein Begehren stählt als ein solcher Beistand; darum ward Christen immer ungestümer und wollte mit Gewalt Elsi zwingen. Aber Elsi widerstand. Da sagte Christen im Zorn: »He nun so denn, du wirst am besten wissen, warum du in kein Wirtshaus darfst; aber wenn du nicht willst, so gibt es Andere.« Somit ließ er Elsi fahren und griff rasch nach einem andern Heimiswyler Mädchen, welches eben vorüberging und willig ihm folgte. Die Bäurin warf Elsi einen bösen Blick zu und sagte: »Gell, jetzt hasts«, und ging nach. Da stund nun Elsi, und fast das Herz wollte es ihm zerreißen, und der Zorn über Christes verdächtige Worte und die Eifersucht gegen das willige Mädchen hätten fast vollbracht, was die Liebe nicht vermochte, und es Christen nachgetrieben. Indessen hielt es sich, denn vor den Wirtshäusern, in welchen ihre Familienehre, ihr Familienglück zugrunde gegangen, hatte es einen Abscheu, und zugleich floh es sie, weil es in denselben am meisten Gefahr lief, erkannt zu werden oder etwas von seinem Vater vernehmen zu müssen. In den Wirtshäusern ists, wo die Menschen zusammenströmen und sich Zeit nehmen, zu betrachten und heimzuweisen, was beim flüchtigen Begegnen auf der Straße unbeachtet vorübergeht.

Es ging heim; aber so finster war es in seinem Herzen nie gewesen seit den Tagen, an welchen das Unglück über sie eingebrochen war. Anfangs konnte es sich des Weinens fast nicht enthalten, aber es unterdrückte dasselbe mit aller Gewalt, der Leute wegen. Da nahm ein bitterer, finsterer Groll immer mehr Platz in demselben. So ging es ihm also; so sollte es nicht nur nie glücklich sein, sondern noch eigens geplagt und verdächtigt werden, mußte das sich gefallen lassen, konnte sich nicht rechtfertigen; so gingen die Leute mit ihm um, um welche es das am wenigsten verdient hatte, welche es am besten kennen sollten! Wie ehedem in gewaltigen Revolutionen die Berge aus der Erde gewachsen sein sollen, so wuchs aus den Wehen seines Herzens der Entschluß empor, von allen Menschen mehr und mehr sich abzuschließen, mit niemand mehr etwas zu haben, nicht mehr zu reden, als es mußte, und so bald möglich da wegzugehen, wo man so gegen ihns sein könne.

Als die Meisterfrau heimkam, stärkte sie diesen Entschluß; sie beabsichtigte freilich das Gegenteil, aber es ist nicht allen Menschen gegeben, richtig zu rechnen, nicht einmal in Beziehung auf die Zahlen, geschweige denn in Bezug auf die Worte. Sie erzählte, wie Christen sich lustig mache in Burgdorf, und sicher gehe er mit dem Mädchen heim, und was es dann gebe, könne niemand wissen, das Mädchen sei hübsch und reich und pfiffig genug, einen Vogel im Lätsch zu fangen. Das würde Elsi recht geschehen, und sie möchte es ihm gönnen, denn das sei keine Manier für eine Magd, mit einem Bauer so umzugehen. Aber sie fange auch an zu glauben, da müsse was dahinter sein, das nicht gut sei; anders könne sie es sich nicht erklären, oder sei es anders, so solle es es sagen. Diesem setzte Elsi nichts als trotziges Schweigen entgegen.

In trotzigem Schweigen ging es zu Bette und wachte in ihm auf, als es an sein Fenster klopfte und Christes Stimme laut ward vor demselben. Derselbe hatte es doch nicht übers Herz bringen können, einen neuen Tag aufgehen zu lassen über seinem Zwist mit Elsi. Er trank, wie man sagt, guten Wein, und je mehr er trank, desto besser ward er. Je mehr der Wein auf dem Heimweg über ihn kam, desto mehr zog es ihn zu Elsi, mit ihm Frieden zu machen. Im Wirtshaus zu Heimiswyl kehrte er mit seinem Meitschi ein, aber nur um desselben loszuwerden mit Manier, ließ eine Halbe bringen, bestellte Essen, ging unter einem Vorwand hinaus, bezahlte und erschien nicht wieder. Das Mädchen war, wie gesagt, nicht von den Dummen eines, es merkte bald, woran es war, jammerte und schimpfte nicht, hielt nun mit dem, was Christen bezahlt hatte, einen Andern zu Gast, und so fehlte es ihm an einem Begleiter nach Hause nicht. Dem armen Christen ging es nicht so gut. Elsi, durch die Bäurin neu aufgeregt, hielt an seinem Entschluß fest und antwortete nichts, gäb wie Christen bat und sich unterzog; es mußte den Kopf ins Kissen bergen, damit er sein Weinen nicht höre, aber es blieb fest und antwortete nicht einen Laut. Christen tat endlich wild, aber Elsi bewegte sich nicht; zuletzt entfernte sich derselbe halb zornig und halb im Glauben, Elsi habe zu hart geschlafen und ihn nicht gehört. Er ward aber bald inne, wie Elsi es meine. Die frühere Freundlichkeit war dahin; Elsi tat durchaus fremd gegen ihn, antwortete ihm nur das Notwendigste, dankte, wenn er ihm die Zeit wünschte, in allem Übrigen aber war es unbeweglich. Christen ward fuchswild darob und konnte Elsi doch nicht lassen. Hundertmal nahm er sich vor, an dasselbe nicht mehr zu sinnen, sich ganz von ihm loszumachen, und doch stund es beständig vor seinen Augen; seine weißen Hemdeärmel am Brunnen sah er durch sieben Zäune schimmern, und an allen Haaren zog es ihn, bis er unter dessen Fenster stand. Hundertmal nahm er sich vor, rasch eine Andere zu freien und so dem Ding ein Ende zu machen; aber er konnte mit keinem Mädchen freundlich sein, und wenn eines gegen ihn freundlich war, so ward er böse, es war ihm, als trügen alle andern Mädchen die Schuld, daß Elsi sich so gegen ihn verhärte.

Während Christen sein Weh im Herzen wuchs als wie ein bös Gewächs, wuchs auch der Lärm mit den Franzosen von Tag zu Tag. Schon lange waren Soldaten auf den Beinen, viele Bataillone standen gesammelt den Franzosen bereits gegenüber, welche an den Grenzen lagen und im Waadtlande. Immer mehr bildete sich beim Volk der Glaube aus, der Franzos fürchte sich, dürfe nicht angreifen, und unterdessen schlichen Viele herum, die das Gerücht zu verbreiten suchten: die Herren wollten das Volk verraten; wäre dieses nicht, der Franzos wäre längstens abgezogen, aber er passe auf die Gelegenheit und bis er mit den Herren einig sei. Das echte Landvolk haßte den Franzos wie den Antichrist, ärger als einen menschenfressenden Kannibalen, daher ärgerte es sich schwer an dem Werweisen der Herren auf dem Rathause; das Schwanken und Zögern dort war eben nicht geeignet, jene Verleumdungen Lügen zu strafen. Eine schauerliche Nachricht jagte die andere. Da kam plötzlich die Botschaft, losgebrochen sei der Krieg, und die Postboten flogen durch die Täler, alle noch übrige eingeteilte Mannschaft auf die Sammelplätze zu entbieten. Es war den ersten März spät abends, als Christen den Befehl erhielt. Alsobald rüstete er sich und bestellte sein Haus, und Nachbar um Nachbar kam, bot seine Dienste an, und keiner vergaß die Mahnung: »Schont sie nicht, die Ketzere, laßt Keinen entrinnen, schießt ihnen Köpfe und Beine ab, verbrennt sie dann noch lebendig! Sie wissen es dann in Zukunft, daß sie uns ruhig lassen sollen, die Mordiotüfle.«

Christen mochte nicht warten, bis der Letzte fort war und er die abgeschüsselet hatte, welche ihn begleiten wollten, denn ohne Abschied von Elsi wollte er nicht fort. Als er an dessen Fenster kam, ging es ihm wie früher; er erhielt auf Reden und Klopfen keine Antwort. Da sprach er: »Hör, Elsi, ich bin da eben in der Montur und auf dem Weg in den Krieg, und wer weiß, ob du mich lebendig wieder siehst, einmal wenn du so tust, gewiß nicht. Komm hervor, sonst könntest du dich reuig werden, so lang du lebst.« Die Worte drangen Elsi ins Herz, es mußte aufstehen und zum Fenster gehen. Da sagte Christen: »So kommst du doch noch, aber jetzt gib mir die Hand und sag mir, du zürnest mir nicht mehr, und wenn mich Gott gesund spart, so wollest du mein Weib werden, versprich mirs.« Elsi gab seine Hand, aber schwieg. »Versprichst mirs?« fragte Christen. Es wollte Elsi das Herz abdrücken, und lange fand es keinen Laut, und erst als Christen noch einmal sagte: »So red doch! Sag mir, du wollest mich, daß ich auch weiß, woran ich bin«, antwortete es: »Ich kann nicht.« »Aber Elsi, besinn dich«, sagte Christen; »mach nichts Lätzes, denk, du könntest reuig werden, sage Ja.« »Ich kann nicht«, wiederholte

Elsi. »Elsi, besinn dich!« bat Christen drungelich, »sag mir das nicht zum drittenmal; wer weiß, ob du mir dein Lebtag noch etwas sagen kannst. Sag Ja, dr tusig Gottswille bitt ich dich.« Ein Krampf faßte Elsis Brust, endlich hauchte es: »Ich kann nicht.« »So sieh, was machst«, antwortete Christen, »und verantworte es dann vor Gott!« Mit diesen Worten stürzte er fort; Elsi sank bewußtlos zusammen.

Still ging der zweite Tag März über dem Tale auf. Die meisten Bewohner waren am Abend vorher lange auf gewesen, hatten Abziehenden das Geleit gegeben, und so begann erst spät des Tages Geräusch. Elsi war betäubt und ging herum wie ein Schatten an der Wand. Die Meisterfrau hatte wohl gemerkt, daß Christen oben am Fenster Abschied genommen, aber nichts verstanden. Sie hoffte, daß sie sich verständigt, und fühlte Mitleid mit Elsis Aussehen, welches sie der Angst um Christens Leben zuschrieb. Sie tröstete, so gut sie konnte, und sagte, es sei noch nicht gewiß, daß es Krieg gäbe, vielleicht sei es wieder nur blinder Lärm. Und wenn schon, so hätte sie gehört, unter hundert Kugeln treffe nicht eine einzige, und Christen sei alt genug, um aufzupassen, daß ihn keine treffe, und nicht so wie ein Sturm dreinzurennen, ohne sich zu achten wohin. Elsi solle nur nicht Kummer haben, es werde noch alles gut gehen, und ehe Pfingsten da sei, könne es ein schön Hochzeit geben.

Dieser Trost wirkte aber wiederum umgekehrt, und Elsi begann, ganz gegen seine bisherige Gewohnheit, laut aufzujammern. »Er kommt nicht wieder, ich weiß es, und ich bin schuld daran!« rief es verzweiflungsvoll. »Aber, mein Gott«, sagte die Frau, »hast du es denn nicht mit ihm ausgemacht und ihm das Wort gegeben? Er wird doch expreß deswegen gekommen sein und vielleicht dir den Hof noch lassen verschreiben, ehe er von Burgdorf ausrückt.« »Nein habe ich gesagt«, versetzte Elsi, »und er hat gesagt, lebendig werde ich ihn nicht wiedersehen.« Da schlug die Bäurin die Hände über dem Kopfe zusammen und sagte: »Aber, mein Gott, mein Gott, bist du verrückt oder eine Kindsmörderin oder eine Schinderstochter? Eins von diesen dreien muß sein, sonst hättest du es nicht übers Herz gebracht, einen solchen Burschen von der Hand zu weisen, der dir noch so anständig ist, wie ich es wohl gesehen. Bist eine Schinderstochter oder eine Kindesmörderin? Seh, red, ich will es jetzt wissen!« »Keins von beiden bin ich«, sagte Elsi, tief verletzt über solchen Verdacht; »von vornehmen Leuten bin ich her, wie hier in der ganzen Kirchhöre keine wohnen, und was mein Vater getan hat, dessen vermag ich mich nichts.« »So, was hat der gemacht?« fragte die Frau, »er wird jemand gemordet haben oder falsches Geld gemacht und ins Schallenwerk gekommen oder gar gerichtet worden sein.« »Nein, Frau«, sagte Elsi, »ich weiß nicht, warum Ihr mir das Wüsteste alles ansinnet.« »Aber etwas muß es doch sein, das dir im Weg ist wegen einer Heirat; so wegen nichts schlägt man einen solchen Mann nicht aus. Vielleicht hat er falsche Schriften gemacht, oder er wird sich selber gemordet haben und nicht im Kirchhof begraben worden sein.« »Nein, Frau«, sagte Elsi, »selb ist nicht wahr; aber geltstaget hat er und muß jetzt in der Kehre gehen. Ich will es gleich heraussagen, sonst meint man, wie schlecht ich sei, und es wird ohnehin bald alles aus sein, und da möchte ich nicht, daß man mir Schlechtes ins Grab redete.« »Was, geltstaget hat er, und deswegen willst du nicht heiraten, du

Tropf du? Und das darfst du nicht sagen? Je weniger du hast, desto einen reichern Mann bedarfst du. Wenn ja Keins heiraten wollte, wenn jemand in der Familie geltstaget hat, denk nur, wie viel doch ledig bleiben müßten, denen das Heiraten so wohl ansteht.« »O Frau«, sagte Elsi, »Ihr wißt darum nicht, wer wir gewesen sind und was unser Unglück für mich war.« »Oh, doch öppe nicht unserem Herrgott seine Geschwister.«

»O Herr, o Herr, o Mutter, o Mutter, sie kommen, sie kommen!« schrie draußen ein Kind. »Wer?« schrie die Frau. »Die Franzosen, sie sind schon im Lochbach oder doch in Burgdorf; hör, wie sie schießen!« »O Christen, o Christen!« schrie Elsi; alle liefen hinaus. Draußen stand alles vor den Häusern, so weit man sehen konnte, und »Pung, Pung!« tönte es Schuß um Schuß dumpf über den Berg her. Ernst horchten die Männer, bebend standen die Weiber, und womöglich stund jedes neben oder hinter dem Mann, rührte ihn an oder legte die Hand in seine, und gar manches Weib, das lange dem Mann kein gut Wort gegeben, ward zärtlich und bat: »Verlaß mich nicht, dr tusig Gottswille, verlaß mich nicht, mein Lebtag will ich dir kein böses Wort mehr geben.« Endlich sagte ein alter Mann am Stecken: »Gefährlich ist das nicht, es ist weit noch, jenseits der Aare, wahrscheinlich am Berg. Wenn sie in Grenchen mustern, hört man das Schießen akkurat gleich. In Lengnau stehen die Berner, und oben auf dem Berg sollen auch deren sein; da werden die Franzosen probieren wollen, aber warten die nur, die sind gerade am rechten Ort, in Solothurn wird man es ihnen schön machen; das sind die Rechten, die Solothurner, an den Schießeten immer die Lustigsten.« Das machte den Weibern wieder Mut, aber manchem Knaben, der Gabel oder Hellbarde in der Hand schon auf dem Sprunge zum Ablauf stand, war der Ausspruch nicht recht. »Wir gehen gleich«, sagte einer, »und sollte es bis Solothurn gehen. Wenn wir gleich ablaufen, so kommen wir vielleicht noch zur rechten Gauzeten.« »Ihr wartet!« befahl der Alte. »Wenn einer hier läuft, der Andere dort, so richtet man nichts aus, mit einzelnen Tropfen treibt man kein Mühlerad. Wenn in Solothurn die Franzosen durchbrechen, dann ergeht der Sturm, die Glocken gehen, auf den Hochwachten wird geschossen, und die Feuer brennen auf; dann läuft alles mit einander in Gottes Namen drauf, was Hand und Füße hat, dann gehts los, und der Franzos wird erfahren, was es heißt, ins Bernbiet kommen. Bis dahin aber wartet!« Das war manchem wilden Buben nicht recht, er drückte sich auf die Seite, verschwand, und mehr als einer kam nie wieder. »Du glaubst also nicht, daß unsere Leute schon im Krieg seien?« frug bebend Elsi an des Alten Seite. »O nein«, sagte der Alte, »die werden wohl erst jetzt von Burgdorf ausrücken gegen Fraubrunnen oder Bätterkinden zu; was für Befehl sie bekommen, weiß ich nicht. Aber schaden würde es nicht, wenn jemand auf Burgdorf ginge, um da zu hören, was geht.«

Aber in Burgdorf war es nicht viel besser als hinten im Heimiswylgraben; ein Gerücht jagte das andere, eines war abenteuerlicher als das andere. Die Franzosenfeinde wußten zu erzählen, wie die Feinde geschlagen worden, und die, wo nicht tot seien, seien doch schon mehr als halb tot; die Franzosenfreunde wußten das Umgekehrte: das ganze Bernerheer geschlagen, gefangen oder verraten, und predigten laut, man solle sich doch nicht wehren, man gewinne nichts damit als eine zerschossene oder zerstochene Haut. So wogten die Gerüchte hin und her, wie vor einem Gewitter die Wolken durcheinandergehen.

Gegen Abend hatte das Schießen aufgehört, es war ruhig geworden auf der Landschaft; man hoffte, die Franzosen seien in Solothurn gefangen genommen worden gleich wie in einer Falle von denen vom Berge her und von Büren. Elsi war auch ruhiger geworden auf diese Hoffnung hin. Es hatte der Bäurin sagen müssen, wer es eigentlich sei, und da hatte diese wiederum die Hände ob dem Kopf zusammengeschlagen. Von dem Müller hatte sie gehört, von seinem Tun und Reichtum, und da ihr nur dieser recht in die Augen schien, so betrachtete sie Elsi mit rechtem Respekt. Keinem Menschen hätte sie geglaubt, sagte sie, daß so eine reiche Müllerstochter sich so stellen könne, aber daß es nicht seiner Lebtag Magd gewesen, das hätte sie ihm doch gleich anfangs angesehen. »Und das, du Tröpflein, hast du ihm nicht sagen dürfen? Du vermagst dich ja der ganzen Sache nichts, und wenn dein Vater schon ein Hudel ist, so ist deine Familie doch reich und vornehm und sonst nichts Unsauberes darin, und da muß einer eins gegen das andere rechnen. Oh, wenn ich Christen doch das nur gleich sagen könnte; du würdest sehen, das machte Christen nicht nur nichts, er nähme noch den Vater zu sich, nur daß er ab der Gemeinde käme.« »Das begehre ich nicht«, sagte Elsi, »ich begehre nicht mehr mit dem Vater zusammenzukommen, und Christen kann ich doch nicht heiraten; ich will gar nicht heiraten, nie und nimmermehr. Ich müßte mir doch meinen Vater vorhalten lassen, oder daß ich arm sei. Ich weiß wohl, wie das Mannevolk ist, und das möchte ich nicht ertragen, ich hintersinnete mich; wie nahe ich dem schon war, weiß niemand besser als ich. Aber wenn Christen nur nicht im Zorne tut, was unrecht ist, und den Tod sucht, ich überlebte es nicht.« »Du bist ein Tröpflein«, sagte die Bäurin, »so etwas ihm nicht zu sagen; das war nur der Hochmut, der dich plagte. Aber wart, wir wollen ihm morgen Bescheid machen, es wird wohl der eine oder der andere Alte seinen Söhnen, die bei den Soldaten sind, etwas schicken wollen, Käs oder Hamme oder Kirschenwasser; ich will mich eine Hamme für Christen nicht reuen lassen, und da kann man ihm ja Bescheid machen dazu, es sei daheim ander Wetter und er solle machen, daß er so bald als möglich heimkäme, aber gesund und gerecht. Er wird schon merken, was gemeint ist.«

Elsi wollte davon lange nichts hören, klagte, wie reuig es sei, daß es ein Wort gesagt, drohte, es laufe fort, jammerte, daß es nicht schon lange gestorben, und wenn Christen nur lebendig heimkomme, so wolle es gerne auf der Stelle sterben, aber heiraten wolle und könne es nicht. Die Bäurin ließ sich aber nicht irre machen; sie hatte die Heirat im Kopf, und wenn eine Frau eine Heirat auf dem Korn hat, so ists schwer, sie davon abzubringen. Ein Hammli mußte herunter, und sie ruhte nicht, bis sie einen aufgefunden, der mit Proviant den Soldaten nachgeschickt wurde von einer sorgsamen Mutter, und scharf schärfte sie dem es ein, wem er das Hammli zu geben und was er dazu zu sagen hätte. Was die Bäurin getan, goß Balsam in Elsis Herz, aber es gestund es nicht ein. Es zankte mit der Bäurin, daß sie ihns verraten hätte, es zankte mit sich, daß es sein Geheimnis vor den Mund gelassen, es wußte nicht, sollte es bleiben oder gehen; es mochte ihm fast sein wie einem Festungskommandanten, der erst von Verteidigung bis in den Tod, von in die Luft Sprengen gesprochen und dem allgemach die Überzeugung kömmt, das trüge nichts ab, und leben bleiben sei doch besser.

Der dritte März lief ab ohne Kanonendonner, aber Gerüchte kamen, Freiburg sei über und Solothurn, die Stadt, Büren sei verbrannt, die Herren wollten das Land übergeben ohne Krieg. Dieses Gerücht entzündete furchtbaren Zorn, so weit es kam. Da wollten sie doch auch noch dabei sein, sagten die Bauern, aber erst müßten die Schelme an den Tanz, die Dinge verkauften, welche ihnen nicht gehörten. Gegen Abend wollte man Soldaten gesehen haben, die, von Wynigen kommend, quer durchs Tal gegangen seien. Die sollten gesagt haben, sie kämen vom Weißenstein und alles sei aus; die Einen hätten kapituliert, die Andern seien sonst auseinandergegangen, und die Franzosen würden dasein, ehe man daran denke.

Dieser Bericht ging mit Blitzesschnelle durchs ganze Tal, regte alles auf, aber wie ein Blitz verschwand er auch; am Ende wußte man nicht, wer die Soldaten gesehen hatte, man wußte nicht mehr, waren es eigentliche Soldaten gewesen oder Spione, welche das Land auskundschaften sollten; denn es seien viele Deutsche bei den Franzosen, hieß es, die akkurat gleich redeten, wie man hier rede, und überhaupt beschaffen seien wie andere Menschen. Diese Nachricht hinterließ nichts als vermehrte Unschlüssigkeit; man wußte nicht, sollte man die ausgerückten Leute zurück erwarten oder sollte man nachrücken. Man stund umher, packte auf, packte ab; es war akkurat, als ob es eigens dazu angelegt wäre, den Volksmut wirkungslos verpuffen und verrauchen zu lassen.

Der Bursche, der ausgesandt worden war, kam erst am zweiten Tag, am vierten März, zurück, ohne Hammli, aber mit bösem Bescheid. Christen hätte er nicht finden können, sagte er aus. Es hätte geheißen, er sei gegen Bätterkinden zu gerückt mit seiner Batterie, dahin habe er ihm nicht nach wollen; es heiße, ungesinnet trappe man in die Franzosen hinein wie in ein Hornissennest, und ihre Dragoner kämen daher wie in den Lüften; wenn man meine, sie seien noch eine Stunde weit, so hätte man sie schon auf dem Hals. Er habe daher das Hammli in Fraubrunnen abgegeben mit dem Befehle, es dem Christen zuzustellen, wenn man ihn sehe. Zurück kämen die Leute aber nicht; sie wollten den Franzosen warten, heiße es, und Andere meinten, man warte nur auf Zuzug und wolle dann auf die Franzosen zDorf, welche sich nicht aus Solothurn hervorlassen dürften. Bald werde es losgehen, darauf könne man zählen.

Dieser Bescheid regte Elsi fürchterlich auf. Also Krieg gabs, und zvorderist war Christen und sicher expreß, von Elsis Nein gejagt, und niemand besänftigte ihn, und die gute Botschaft hatte er nicht vernommen; lebendig säh es ihn also nicht wieder! Es drängte ihns, ihm die Botschaft selbst zu bringen, aber es wußte keinen Weg und fürchtete, so alleine in die Franzosen zu laufen, und die Bäurin tröstete es, der Landsturm werde allweg bald ergehen, da gehe alles, da könne es mit; sie wolle für ihns daheim bleiben, denn von wegen dem Vieh könne doch nicht alles fort. So werde es früh genug kommen, denn man werde dSach doch nicht lassen angehen, bis alles bei einander sei.

Alles rüstete sich, jeder suchte seine Waffe sich aus; eine tüchtige zweizinkichte Schoßgabel an langem Stiele, mit welcher man in der Ernte die Garben ladet, stellte Elsi sich zur Hand und wartete mit brennender Ungeduld des Aufbruchs.

Am fünften März wars, als der Franzos ins Land drang, im Lande der Sturm erging, die Glocken hallten, die Feuer brannten auf den Hochwachten, die Böller krachten und der Landsturm aus allen Tälern brach, der Landsturm, der nicht wußte, was er sollte, während niemand daran dachte, was er mit ihm machen sollte. Aus den nächsten Tälern strömte er Burgdorf zu; dort hieß es, man solle auf Fraubrunnen, die Nachricht sei gekommen, daß die Franzosen von Solothurn aufgebrochen; auf dem Fraubrunner Felde sollte geschlagen werden, dort warteten die Berner und namentlich Füsiliere und Kanoniere aus dieser Gegend. Der Strom wälzte sich das Land ab, Kinder, Greise, Weiber bunt durcheinander; an eine Ordnung ward auch nicht von ferne gedacht, dachte doch selten jemand daran, was er eigentlich machen sollte vor dem Feinde. Von einem wunderbaren, fast unerklärlichen Gefühle getrieben, lief jeder dem Feinde zu, so stark er mochte, als ob es gälte, eine Herde Schafe aus einem Acker zu treiben. Das beginnende Schießen minderte die Eile nicht, es schien jedem angst zu sein, er käme zu spät.

Unter den Vordersten war immer Elsi, und jeder Schuß traf sein Herz, und es mußte denken: Hat der Christen getroffen? So wie sie aus dem Walde bei Kernenried kamen, erblickten sie den beginnenden Kampf am äußersten Ende des Fraubrunner Feldes gegen Solothurn zu. Kanonen donnerten, Bataillonsfeuer krachten, jagende Reiter wurden sichtbar, Rauchmassen wälzten sich über das Moos hin. Erstaunt standen die Landstürmer, sie hatten nie ein Gefecht gesehen, wenigstens unter Hunderten nicht einer. Wie das so fürchterlich zuging hin und her, und von weitem wußte man nicht einmal, wer Feind, wer Freund war! Je länger sie zusahen, desto mehr erstaunten sie, es begann ihnen zu grusen vor dem wilden Feuer mit Flinten und Kanonen, und alles scharf geladen; sie fanden, man müsse warten und zusehen, welchen Weg es gehe, wenn man da so aufs Geratewohl zumarschiere, so könne man unter die Lätzen kommen. Kein Mensch war da, sie zu ordnen, zu begeistern, rasch in den Feind sie zu führen. Es waren in jenen Tagen die Berner mit heilloser Blindheit geschlagen. Das Feuer der Soldaten ließ man auf die gräßlichste Weise erkalten, und wenns erkaltet war ob dem langen, nutzlosen Stehen, manchmal lange Zeit ohne Führer, liefen sie halt auseinander. Das einzige Mal, wo die Soldaten vorwärts geführt wurden statt zurück, erfuhren die Franzosen, was Schweizerkraft und -mut noch dato kann, bei Neuenegg erfuhren sie es.

Elsi ward es himmelangst, als man so müßig und werweisend dastand, als gar hier und da eine Stimme laut wurde: »Ihr guten Leute, am besten wärs, wir gingen heim, wir richten da doch nichts aus.« Und wenn niemand da zu Hülfe wolle, so gehe es; wofür man dann bis hierher gekommen, sagte es. Wenn es nur den kürzesten Weg übers Moos wüßte. Sie kämen mit, riefen einige junge Bursche, und die Masse verlassend, eilten sie auf dem nächsten Weg Fraubrunnen zu. Als sie dort auf die Landstraße kamen, war ein hart Gedränge, eine Verwirrung ohnegleichen. Mit Gewalt fast mußte es sich drängen durch Berner Soldaten, die auf der Straße standen und müßig zusahen, wie vorwärts ein ander Bataillon mit dem Feinde sich schlug. Auf die wunderlichste Weise stund man da vereinzelt, schlug sich vereinzelt mit dem Feind oder wartete geduldig, bis es ihm gefiel, anzugreifen. Keiner unterstützte den Andern, höchstens wenn ein Bataillon vernichtet war, gab ein anderes zu verstehen, es sei auch noch da und harre des gleichen Schicksals.

Das alles sah Elsi im Flug, und wenn die Soldaten, die es mit Püffen nicht schonte, schimpften und ihm zuriefen, es solle heimgehen und Kuder spinnen, so sagte es, wenn sie dastünden wie die Tröpfe, so müßte das Weibervolk voran, um das Vaterland zu retten, und wenn sie was nutz wären, so gingen sie vorwärts und hülfen den Andern. Elsi hatte vom Moos weg eine große Linde auf dem Felde gesehen, und bei derselben sah es den Rauch von Kanonen; dort mußte sein Christen sein, dorthin eilte es mit aller Hast. Als es auf die Höhe kam, hinter welcher von Fraubrunnen her die berühmte Linde liegt, donnerten die Kanonen noch; aber Elsi sah, wie rechts zwischen Straße und Moos, vom Rande des Raines bedeckt, Reiter dahergesprengt kamen wie der Byswind, fremdländisch anzusehen. »Franzosen! Franzosen!« rief es, so laut es konnte, aber seine Stimme verhallte im Kanonendonner. Die Reiter wußten, was sie wollten, sie wollten die Batterie, welche ihnen lästig geworden war. Ebenfalls die Linde im Auge, lenkten sie, sobald sie unter ihr waren, auf die Straße herauf und stürzten sich auf die Kanoniere. Diese, ohne nähere Bedeckung, suchten zwischen ihren Kanonen sich zu verteidigen, aber einer nach dem andern fiel. Einen einzigen sah Elsi noch, der mit seinem kurzen Säbel ritterlich sich wehrte; es war sein Christen. »Christen! Christen! Wehre dich, ich komme!« schrie Elsi mit lauter Stimme. Den Schrei hörte Christen, sah sein Elsi, sank aber im gleichen Augenblick zum Tode getroffen zwischen den Kanonen nieder. Elsi stürzte mit der Wut einer gereizten Löwin auf die Franzosen ein, diese riefen ihm Pardon zu, aber Elsi hörte nichts, rannte mit seiner Gabel den Ersten vom Pferde, rannte an, was zwischen ihm und Christen war, verwundete Pferde und Menschen; da fuhren zischende Klingen auf das Mädchen nieder, aber es rang sich durch, und erst zwischen den Kanonen fiel es zusammen. Vor ihm lag Christen. »O Christen, lebst du noch?« rief es mit dem Tode auf den Lippen. Christen wollte sich erheben, aber er vermochte es nicht; die blutige Hand reichte er ihm, und Hand in Hand gingen sie hinüber in das Land, wo nichts mehr zwischen den Seelen steht, die sich hier gefunden.

Die Franzosen sahen gerührt diesen Tod, die wilden Husaren waren nicht unempfänglich für die Treue der Liebe. Sie erzählten der Liebenden Schicksal, und so oft sie dasselbe erzählten, wurden sie wehmütig und sagten, wenn sie gewußt hätten, was Beide einander wären, Beide lebten noch; aber im wilden Gefecht habe man nicht Zeit zu langen Fragen.

SVENJA GRÄFEN

Schritte machen

Ich laufe, und währenddessen zählt eine App auf meinem Telefon Schritte. Kilometer und Treppenstufen. Manchmal versuche ich mir das zu erklären. Das Gerät ist fähig, kleinste Bewegungen wahrzunehmen, Schwingungen. Meistens nehme ich es einfach so hin. Vielleicht recherchiere ich es irgendwann einmal vernünftig. Ich laufe, schiebe und schaue später gespannt nach, ob ich mehr Strecke zurückgelegt habe als am Tag zuvor.

Das Kind ist jetzt vier Monate alt. Mir kommt es vor, als wäre es hundert. Monate. Mindestens. Vielleicht sogar Jahre. Wahrscheinlich, weil ich es bereits in Gedanken hatte, im Kopf, als es noch gar nicht auf der Welt gewesen ist. Das nun existente Kind, das unüberhörbar, unübersehbar auf der Welt ist, überschneidet sich mit meiner Vorstellung eines Kindes. Das Gesichtchen, der winzige Körper, der allmählich an Gewicht zulegt. Man kann dabei zuschauen. Und ich zumindest denke, dass ich mir genau dieses Gesichtchen, diesen winzigen Körper vorgestellt habe, früher. Wann immer ich darüber nachgedacht, Möglichkeiten durchgespielt, mir eine bestimmte Art von Zukunft ausgemalt habe, gedanklich.

Bei Ariane ist es anders. Ariane kam die Idee spontan. Als wäre ihr zweiunddreißig Jahre lang entgangen, dass

Leute Babys kriegen. Dass es Kinder gibt. Aus denen Erwachsene werden. Mit der Zeit. Als hätte ich nie davon gesprochen und als wäre es eine Art Trend, von dem sie zufällig gelesen hätte. Du, das machen jetzt alle. Das ist momentan *das Ding*. Ariane sagte plötzlich: Ich will, dass wir ein Kind kriegen. Lass uns so schnell wie möglich ein Kind kriegen. Ihre Augen leuchteten, und in mir knallten zwei Emotionen gegeneinander. Ich fühlte mich übergangen, nicht ernstgenommen mit meinen Wünschen, die ich durchaus mehrfach schon geäußert hatte, ich war sauer, dass diese Idee jetzt als die ihre galt, und ich war gleichzeitig unendlich froh.

Wir ketten den Kinderwagen im Hausflur ans Geländer der Treppe. Mit zwei Fahrradschlössern. Ich weiß, dass auch das beste Schloss geknackt werden kann, aber es ist unmöglich, das Ding in den vierten Stock zu tragen. Das geht nicht. Am Vormittag lege ich das Baby hinein in den Wagen, schließe ein Schloss auf und drehe am anderen die richtigen Zahlen ein. Ich ziehe den Wagen rückwärts durch den länglichen Flur. Mit meinem Hintern stoße ich die Haustür auf. Meistens bin ich dann schon klatschnass geschwitzt. Am Anfang schmerzen meine Handgelenke. Ich baue schnell einiges an Armmuskulatur auf. Es ist komplizierter und anstrengender, einen Kinderwagen zu schieben, als ich je für möglich gehalten hätte. Es ist Sport. Eine Leistung. Und es verbaut Möglichkeiten. Zumindest mir. Ich sehe es nicht ein, damit in einen Bus einzusteigen, der losbraust, noch bevor ich mich irgendwo festhalten kann. Und wenn irgendwo der verdammte Aufzug streikt, dann gehe ich eben woanders entlang. Ich habe mir viele

Wege erschlossen. Zur Kinderärztin sind es vierzig Minuten zu Fuß. Oder siebentausendzweihundertachtundsechzig Schritte.

Manche Menschen fassen in den Kinderwagen, einfach so, betatschen das Baby, wenn es schläft. Ich weiß nicht, warum das immer so schnell geht. Ich brauche bloß kurz in die andere Richtung zu gucken, und schon hängen Hände im Wagen, an der empfindlichen Haut meines Kindes. Wenn Ariane dabei ist, zetert sie los. Sag mal, spinnst du, ruft sie und fuchtelt mit den Armen. Sie duzt und verschreckt und verjagt ältere Damen und Kinder und alle möglichen Leute gleichermaßen. Ich selbst weiche jedem Gespräch aus, jedem Geplänkel, ich schiebe den Wagen weg von grenzüberschreitenden Personen, ich sage höchstens: Ich muss los. Manche Menschen schauen mich mitleidig an. Ich weiß, dass es daran liegt, dass ich mitgenommen aussehe. Wenig Schlaf, und bei kleinster Anstrengung schwitze ich im Gesicht. Mir kleben Haarsträhnen an der Stirn. In Kombination mit dem Kinderwagen löst das Blicke aus, die ganz seltsam herabschauen. Es ist allerdings nicht so, dass niemand hilft. Wenn ich dann doch mal eine Treppe runter muss, beispielsweise. Oder es eng ist in einem Geschäft. Die Menschen treten zur Seite und ziehen den Bauch ein, reißen auffordernd die Augen auf und fragen, ob es wohl gehen wird. Oder sie klatschen in die Hände, krempeln Pulloverärmel hoch und packen an. Tatkräftig. Sie tragen den Wagen samt Inhalt treppauf, treppab und versichern dabei, dass sie das gern machen, kein Problem. Sie fühlen sich ritterlich dabei, das ist ihnen anzusehen. Ariane würde das hassen. Ich erzähle ihr nichts davon. Ariane würde das

Baby packen, es in einem Arm halten und mit dem anderen den Wagen die Treppe runterzerren. Oder hoch. Je nachdem. Aber Ariane ist auch in Grundsätzen angespannt, unter Menschen, das muss man schon sagen, und ich muss auch sagen, dass ich's verstehe. Ich glaube, sie war noch kein einziges Mal allein mit dem Wagen unterwegs, und wann immer wir es zusammen sind, mit dem Wagen, mit dem Kind unterwegs, kommen die Fragen. Absurderweise. Ich verstehe das wirklich nicht. Es wäre ja wesentlich naheliegender, nach einem Vater zu fragen, wenn eine Frau ganz allein einen Kinderwagen schiebt. Aber dann wird immer bloß hineingefasst und angetatscht. Mit Ariane zusammen kommt die große Musterung. Die Menschen sehen sich um, sie halten Ausschau nach einem zugehörigen Mann im näheren Umkreis. Sie halten uns für Schwestern. Freundinnen. Wo ist denn der Papa? Sie fragen mit einem Lächeln, manchmal erkenne ich darin so etwas wie Vorahnung. Gier, regelrecht. Ariane schnaubt. Sie schüttelt den Kopf. Sie wählt zwischen verschiedenen Antwortmöglichkeiten: Den gibt's nicht, das Kind ist geklont. Der ist leider grade gestern verstorben. Ich kann gern einen Link schicken, das Sperma ist spitzenmäßig.

Ariane und ich sind selten zu zweit unterwegs mit dem Kind. Sie arbeitet ja auch, und sie kümmert sich zuhause. Sie kann das gut. Ich bin lieber unterwegs, muss ich sagen, ich laufe lieber, als dass ich in der Wohnung hocke. Oder zwischen Wänden auf und ab gehe wie so ein Tier. Ich drehe meine Runden, mache tausende Schritte und einiges an Kilometern. Ich raste auf Parkbänken inmitten von Müll und Zigarettenstummeln, ich murmele automatisiert Entschuldigungen, wenn ich wem den Wagen in die Hacken fahre. Das passiert. Auf vollen Gehwegen, in Einkaufsstraßen passiert das nun mal. Ab und zu muss ich stehen bleiben und warten, bis eine Gruppe von Teenagern mit mickrigem Bartwuchs vorbeigezogen ist. Sie machen sich meistens recht breit. Ich schiebe das schlafende Kind an Läden vorbei, in denen ich mich früher betrunken habe. An verrammelten Fenstern von Clubs. Ich laufe durch Industriegebiete, in denen kaum wer unterwegs ist. Bloß ein paar Autos fahren dort langsam vorbei, Steinchen knirschen unter den Reifen. Ich bin früher viel Fahrrad gefahren. Als ich noch in der Ausbildung war, täglich zwanzig Kilometer. Ich kenne all die Gefahrenstellen, die zu hohen Bordsteinkanten oder die Kreuzungen, an denen es häufig zu Unfällen kommt. Auf dem Fahrrad saust man allem davon, nimmt kaum Details wahr. Zu Fuß ist das anders. Ich kenne jetzt Schaufenster, Infotafeln, Klingelschilder, öffentlich zugängliche Hinterhöfe, winzige Parks, die nicht auf Karten verzeichnet sind. Ich schaue mir alles genau an. Ich präge mir die Stadt ins Gehirn. Zwischendurch stille ich das Baby und lasse ein winziges Händchen meinen Zeigefinger umklammern. Ich schaukele das Baby im Arm und mache dazu passende Geräusche. Ich summe und plappere. Ich bin schon da, mit meiner gesamten Aufmerksamkeit bin ich beim Kind. Kümmere mich und ordne Bedürfnisse ein. Aber es kehrt eben Routine ein, und die gestattet mir ein Erkunden.

In den ersten Wochen war mir unwohl, und ich rechnete fest damit, dass mir auch draußen eine Decke auf den Kopf fallen würde. Dass ich schnell gelangweilt wäre von immer gleichen Wegen. Vom Warten an Ampeln, vom Schaufensterbummeln, von eingefahrenen Runden. Es ist nicht so, dass die Optionen unendlich sind. Außerdem hatte ich viel weniger Energie, am Anfang, es dauerte, bis mein Körper sich umgestellt, bis er verstanden hatte, dass es jetzt weniger gibt, weniger von allem. Weniger Schlaf, weniger Körperpflege, weniger Aufmerksamkeit, weniger Ruhe, weniger Sex, weniger Essen. Sogar weniger Essen. Manchmal frühstücke ich mittags eine dreiviertel Tafel Schokolade.

Vergangene Woche bin ich pro Tag im Schnitt fünfzehn Kilometer gelaufen. Spätnachmittags bin ich zurück. Gegen fünf kommt Ariane und bahnt sich aufgeregt flüsternd einen Weg zur Wiege. Wenn das Kind wach ist, drückt sie es an sich. Trägt es lange durch die Gegend. Läuft vom Schlafzimmer in die Küche, dann ins Bad, dann wieder ins Schlafzimmer, wo sie sich vor dem Spiegel positioniert und das Baby zum Hineinsehen zu bewegen versucht. Zwischendurch stellt sie mir Fragen. So unterhalten wir uns. In verschiedenen Räumen, wir müssen oft nachfragen, weil wir uns akustisch nicht verstehen. Was? Was? Was hast du gesagt? Ich lehne im Türrahmen, und Ariane bewundert ihr Spiegelbild, Spiegelbild mit Kind, sie sagt, ohne den Blick abzuwenden: Lass uns doch was essen gehen, nachher.

Ich mache mir Sorgen, und Ariane ist außergewöhnlich guter Dinge. Sie räumt schon im Treppenhaus Zweifel beiseite. Wenn es schreit, geh ich kurz raus, sagt sie. Du sagst doch, heute war ein ruhiger Tag. Das wird schon werden, sagt sie. Wir laufen ein paar Straßen weiter, wir wollen in ein richtiges Restaurant, keinen zu lauten Imbiss, nichts mit einem Fettfilm in der Luft. Ich weiß praktischerweise, wo sich welches Restaurant befindet, ich kenne die Straßen, kenne mich aus.

Natürlich wacht das Baby auf, als man uns gerade Getränke serviert. Ariane trinkt einen Schluck Radler, dann springt sie auf, behutsam hebt sie den kleinen Körper aus dem Wagen und geht in Richtung der Toiletten. Ich höre die Kohlensäure in meinem Mineralwasser sprudeln. Ich trinke einen Schluck aus Arianes Glas, und dann höre ich, dass jemand sagt: Hat der Vater mal einen freien Abend gekriegt, ja? Das sagt jemand. Am Nebentisch.

Es ist ständig eine Entscheidung zu treffen. Entweder wird es ungemütlich, unangenehm, oder man lächelt und nickt. Sagt: Hat er sich doch auch mal verdient! Lacht. Existiert dann in den Köpfen der fragenden Leute als eine völlig andere Person. Ich reagiere nicht und starre auf die Speisekarte. Als Ariane zurückkommt, schlage ich vor, vielleicht lieber wieder zu gehen. Ich sage: Mir geht's nicht so gut, und wir zahlen die Getränke. Draußen sage ich, dass ich wahrscheinlich bloß frische Luft brauche, und dass wir einfach ein Stückchen laufen sollten. Ich erzähle erst ein paar Straßen weiter von der Frage, und Ariane schnaubt los, sie regt sich auf, wie erwartet. Zu Recht. Ich glaub's nicht, sagt sie. Ich kann's nicht fassen. Kann man denn nicht mal in Ruhe was essen?

Andere Leute sagen, wir stellen uns an. Freunde und Freundinnen sagen das. Andere Eltern. Sie raten uns, wir könnten doch auch einfach erwidern, dass es keinen Vater gibt, weil da schon zwei Mütter sind. Das reicht doch, sollten wir sagen. Wer sich dann vor den Kopf gestoßen fühlt, ist selbst schuld. Wer dann einen blöden Kommentar bringt, den könnte Ariane ja immer noch anschreien. Es will euch ja niemand was Böses, sagen Freunde und Freundinnen. Wir sind ja nicht mehr in den Fünfzigern, sagen sie und schütteln die Köpfe. Ihr müsst euch euren Raum einfach nehmen, sagen sie und strahlen, in ihnen schwillt Stolz, weil sie sich für sehr fortschrittlich halten.

Ich werde auch das Gefühl nicht mehr los, dass mich diejenigen anders anschauen, die ich schon eine Weile kenne, flüchtig, vom Sehen. Eine Kassiererin im Rewe. Die Sprechstundenhilfe bei der Ärztin. Der Apotheker. Ich habe das Gefühl, zuvor war es ihnen egal, Ariane und ich konnten tun und lassen, was wir wollten, Händchen halten, knutschen, im Park auf einer Decke liegen, Arm in Arm durch die Gegend flanieren. Das alles konnten wir tun, und jetzt schieben wir ein Kind umher, und der weltoffene Kiez, die ganze verdammte Stadt guckt, als würden wir sie anschmieren, als brächten wir eine Ordnung durcheinander, als rüttelten wir gewaltsam am Weltbild.

Ariane behauptet, ich hätte vieles einfach nicht wahrgenommen, vorher, ich hätte die Blicke oft nicht gesehen. Ich hätte die Sprüche oft nicht gehört, auch beim Ausgehen, zum Beispiel. Beim Tanzen. Darf ich mitmachen? Hat eine von euch einen Schwanz? Braucht ihr nicht noch einen Schwanz? Auf dem Heimweg. Nehmt ihr mich mit zu euch? Und mehr, sagt Ariane, muss ich hier jetzt auch nicht reproduzieren. Du wunderst dich, sagt sie, über blöde Fragen und dass die Leute so gucken, aber das war doch schon vorher so, das ist noch nie anders gewesen.

Irgendwann einmal sag ich, übermüdet, verzweifelt: Lass uns doch aufs Land ziehen. Ich denke an das Haus meiner

Mutter, das sowieso zu groß ist, und ich denke an Spazierwege durch Felder und Wald. Hügel hinauf und hinunter. An meine eigene Kindheit, und wie selbstverständlich alles war. Ariane ist zynisch und lacht. Aufs Land. Sagt sie. Aufs Land? Ich ziehe garantiert nicht aufs Land, wenn die Stadt schon nicht klarkommt, damit.

Beim Laufen rede ich mir ein, es wird sich schon alles beruhigen. Und es ist ja auch wirklich nicht schlimm. Es gibt keine Angriffe, keine Beleidigungen, so etwas, das wäre doch schlimm. Was wir hier erleben, sind neugierige Stadtmenschen, die gern Schwätzchen halten. Nicht mehr. Ariane geht zur Arbeit und ich gehe spazieren. Ich kenne den Kiez, den ganzen Stadtteil, ich kenne vieles darüber hinaus. In- und auswendig. Ich umgehe kaputte Fahrstühle und Treppen, wann immer es möglich ist. Ich betrete seltener Geschäfte. Ich gucke nicht mehr in die Läden hinein, in denen ich mich früher betrunken habe. Die Kilometerzahl am Ende des Tages ist grundsätzlich zweistellig.

Das Kind ist acht Monate alt, es fühlt sich an, als würde es bald schon eingeschult, als hätten wir es bald zum Sport und zum Musikunterricht zu bringen. Ich habe das Gefühl, es schon ewig zu kennen. Es schon ewig herumzuschieben, auch das. Bei Wind und Wetter bin ich unterwegs, ich habe kein Problem mehr mit Regenjacken und -hosen. Ich erledige routiniert Einkäufe, weil ich weiß, in welchen Läden ausreichend Platz ist. Ich schiebe das Kind durch die Drogerie und an Obst- und Gemüseständen vorbei. Ich presse die Lippen aufeinander und halte aus, wenn alte Tanten sich über den Wagen beugen, quietschen und hineinfassen. Innerlich zähle ich bis zehn, dann schiebe ich den Wagen einfach weiter. Manchmal plaudere ich sogar etwas, inzwischen, mit einem der Gemüsehändler, der mich draußen bezahlen lässt, bar. Er erzählt mir, dass er vier Kinder hat, er erzählt mir, was er verdient. Ich erzähle ihm, wie viele Schritte ich mache, und ich erkläre ihm, dass ein Sensor im Telefon die kleinsten Bewegungen wahrnehmen kann, ich zeige ihm, wie die App funktioniert. Er fragt mich, ob ich eigentlich einen Mann habe. Ich sage, nein, ich habe eine Frau. Er klopft mir auf die Schulter und lacht. Er zieht kopfschüttelnd von dannen mit einem Karton voll Orangen. Ich greife nach einem Apfel und gehe, ohne ihn zu bezahlen.

Ariane kommt an den Wochenenden immer häufiger mit. Wir erkunden gemeinsam neue Gefilde, ziehen immer größere Kreise. Sobald jemand fragt oder guckt, setzt Ariane jetzt ein seliges Lächeln auf. Manchmal zieht sie Grimassen. Auch ich halte inzwischen den Blicken stand. Ich starre zurück, so lange, bis mein Gegenüber dann aufgibt. Es funktioniert jedes Mal. Wir gehen danach schneller, es ist aber nicht so, als würden wir davoneilen mit gesenkten Köpfen, weil etwas unangenehm wäre. Um einer Situation zu entfliehen. Vielmehr verwandeln wir unseren Zorn in Energie. Wir laufen ihn weg. Schwitzen ihn aus. Wir machen mehr Schritte in kürzerer Zeit.

BANANA YOSHIMOTO

Ruderboote

Ja also, es gibt da eine rätselhafte Erinnerung, die mich einfach nicht loslässt: Jedes Mal wenn ich in einen Park gehe und Ruderboote sehe, die auf einem See in einer Reihe liegen, befällt mich dieses Gefühl, das kaum auszuhalten ist – aber ich kann mich eben nur noch bruchstückhaft an die Ereignisse von damals erinnern«, begann ich.

»Wenn du sagst, das Gefühl dabei sei kaum auszuhalten – heißt das, es liegt dir irgendetwas schwer auf der Seele oder ist mit schmerzhaften Empfindungen verbunden? Dann sollten wir die Sache nämlich nicht auf die leichte Schulter nehmen, sondern erst einmal nur darüber reden.«

»Nein, nein, im Gegenteil: Es ist eher ein schönes Gefühl, herzzerreißend schön. Deshalb möchte ich mich ja so gerne genauer daran erinnern, wenn es irgendwie möglich wäre. Ungefähr zusammenreimen kann ich es mir ja noch, nur die Einzelheiten sind mir nicht mehr gegenwärtig, aber mir scheint, als läge gerade in den Details das Wichtige für mich verborgen. Es muss sich in der Zeit abgespielt haben, als man mich als kleines Kind von meiner Mama getrennt hat. Da sich aber in meinem Heimatort damals so gut wie alles in diesem Park mit See abgespielt hat, ist in meinem Gedächtnis alles Mögliche durcheinander abgespeichert, so dass ich nur noch Bruchstücke zusammenbekomme.«

»Gut, dann schließe die Augen. Atme ruhig ein und aus. Du wirst bei Bewusstsein bleiben und alles mitbekommen, ich werde dich nur Schritt für Schritt zurück durch deine Vergangenheit führen«, sagte die Therapeutin.

Meine Freundin war durch die ermüdende Suche nach einem Arbeitsplatz in eine leichte psychische Krise geraten, und ich hatte sie zu einer Spezialistin für Hypnotherapie begleitet. Mich kannte dort auch jeder, da sie mich jedes Mal mit dabeihaben wollte und ich während etlicher Monate so oft im Wartezimmer gesessen und auf sie gewartet hatte. Sie ließ sich immer den letzten Termin am Tag geben, außerdem war die Therapeutin, eine Frau mittleren Alters, eine Bekannte der Mutter meiner Freundin, weshalb wir es uns zur Gewohnheit gemacht hatten, im Anschluss an ihre Sitzung noch alle zusammen einen Tee zu trinken und uns ein wenig zu unterhalten. Bei einer dieser Gelegenheiten hatte ich aus einem plötzlichen Impuls heraus nach den Möglichkeiten der Hypnotherapie gefragt, und so kam es, dass wir beim nächsten Mal die Plätze tauschten und nun nach dem forschten, was mich nicht mehr losließ.

Ich reiste Jahr um Jahr zurück durch mein Leben, bis ich wieder sechs war. Mein Körper fühlte sich schwer an, und meine Stimme klang weit weg und belegt.

»Du bist sechs Jahre alt. Fällt dir jetzt irgendetwas Besonderes ein, wenn du an Ruderboote denkst? Kannst du die Boote sehen?«

In meinem Dämmerzustand, die Augen geschlossen, halb schlafend, fielen mir zuerst die auf nächtlichem Wasser schwimmenden Ruderboote ein, begleitet von dem quietschenden Geräusch, das sie beim Schaukeln machten. Dann, mit unerwarteter Dynamik, verwandelte sich die Dunkelheit hinter meinen Lidern plötzlich in einen Anblick, so schön, dass er nicht von dieser Welt schien:

Wasser, in dem sich allerlei Lichter spiegelten … der See. Die Boote lagen in einer Reihe am Ufer und schaukelten leise im Wind. Den See säumten Teppiche aus Lotospflanzen, deren große, pinkfarbene Blüten sich weit in die Dunkelheit hinein öffneten. Ich blickte auf ein Meer von Blüten, das fast bis ans andere Ufer reichte. Klein leuchtete der Mond am Himmel. Das zarte, blasse Pink der Lotosblumen war von so ungeheurer Schönheit, dass es sich in meine Augen brannte und mir das Sichtfeld verschwamm.

»So muss es im Paradies aussehen, meinst du nicht auch?«, sagte die Frau, die mich an der Hand hielt.

»Ja, Mama«, antwortete ich und blickte zu ihr auf. Plötzlich konnte ich mich wieder ganz deutlich an dieses Gesicht erinnern, das ich fast vergessen hatte: die großen Augen, in denen ein starker Wille funkelte, die fremdländisch wirkende, hohe Nase, die bunte, seltsam anmutende Kleidung, die Piercings … Und dieser süßliche Geruch nach Alkohol, der sie ständig umgab.

Unter der Führung der Therapeutin erschloss sich mir das ganze Bild, und auf einmal konnte ich genau nachempfinden, wie ich mich damals gefühlt hatte, bis hin zu den schmerzlichen Punkten. So wurde ich in die Lage versetzt, mich wieder an alle Einzelheiten jener Nacht zu erinnern.

Als die Hypnose vorbei war, klopfte mir das Herz bis zum Hals, und ich kämpfte mit den Tränen.

Warum hatte ich das bloß vergessen?!, fragte ich mich. Als ob es diese Nacht nie gegeben hätte!

»Vielen Dank, dass Sie meinem Gedächtnis auf die Sprünge geholfen haben! Diese Erinnerung ist nämlich sehr, sehr wichtig für mich«, brachte ich endlich nach einer ziemlich langen Schweigepause heraus, als sich meine Freundin und die Therapeutin schon Sorgen zu machen begannen.

Berühmte Sehenswürdigkeiten besaß mein Heimatort nicht, dafür gab es dort ein kleines Schloss, das inmitten eines Parks mit einem großen See lag. Besonders interessant war der Blick von diesem See aus auf die Schlosssilhouette: Man hätte direkt durcheinanderkommen können, in welchem Zeitalter man sich gerade befand, denn Neonlampen spiegelten sich im Wasser, während man gleichzeitig auf den großen Schlossturm weit weg am anderen Ufer blickte, im Hintergrund der Mond am Himmel. Und es gab Buden, an denen Crêpes und Takoyaki* verkauft wurden.

Das war der See aus meinen Erinnerungen.

Ich wusste noch ganz genau, wie es war, als ich eine neue Mutter bekam – daran erinnerte ich mich oft. Ich hatte diese Frau sehr gern, so gern, dass ich aus tiefstem Herzen

* Takoyaki: kleine Kugeln aus Pfannkuchenteig mit eingebackenen Oktopus-Stückchen; traditioneller Budenimbiss auf japanischen Volksfesten. (A. d. Ü.)

an sie dachte, wenn es mir wirklich schlechtging und ich eine Mutter brauchte. Wie wundervoll es doch wäre, hatte ich mir schon zigmal ausgemalt, wenn sie meine richtige Mutter wäre. Deshalb konnte ich mich auch so gut an den Tag erinnern, als dieser Traum endlich Wirklichkeit wurde. Mein Vater und ich saßen auf einer Bank mit Blick auf den See und warteten auf sie. Es war ein kalter Wintertag. Ich war sieben Jahre alt, hatte die Hände in den Manteltaschen vergraben und ließ die Beine baumeln. Ich wartete. Mein Vater war nervös und angespannt. Trotzdem spielte er den starken, coolen Mann. Wir warteten und tranken dabei Amazake.* Herrlich heiß, milchig weiß und schön süß. Wie lecker!, dachte ich. Matt glänzend und schwer hing der Himmel über uns, so als würde es jeden Moment zu schneien anfangen. Mein Gesicht fühlte sich kalt an.

Da kam meine neue Mutter angelaufen. In ihrem orangefarbenen Mantel kam sie mit zappelnden Bewegungen aus Richtung Bahnhof angerannt. Mein Vater war schrecklich aufgeregt. Auf dem Wasser schwamm kein einziges Boot, glatt und still lag der See. Die Fensterscheiben der Gebäude warfen den grauen Glanz des Himmels als undefinierbare Farbe zurück. Tauben tapsten heran und liefen wieder weg.

Mein Vater und meine neue Mutter tauschten einen kurzen Gruß.

Dann nahm meine neue Mutter meine kalte Hand und sagte: »Jetzt werde ich endlich deine richtige Mutter, Miyochan. Versprochen!«

* Amazake – »süßer Reiswein«: ein traditionelles, alkoholfreies Heißgetränk aus fermentiertem Reis. (A. d. Ü.)

Sie sagte das, glaube ich, weil ich ihr zuvor mehrmals eine Szene gemacht und mich bitterlich beklagt hatte, warum sie denn nicht meine richtige Mutter werden wolle. Dann sah ich, wie sich ihre Augen mit Tränen füllten, und musste ebenfalls weinen. Wir weinten dort eine ganze Weile so zusammen weiter. Ich konnte nicht aufhören, bis mir das Gesicht weh tat. Ich weiß noch, wie sich in der kalten Luft damals nur die Tränen auf meinen Wangen und unsere Hände, die wir fest gedrückt hielten, heiß anfühlten. Wenn man weint, rückt einem die Umgebung näher. Damals kam mir alles – die Tauben, das Schloss, der See – wie ein Teil von mir vor. Selbst die Kieselsteinchen unter meinen Füßen waren mir plötzlich sehr vertraut. Ich hatte das Gefühl, die ganze Umgebung würde mir zuraunen: Alles ist gut, du brauchst dich nicht mehr abzustrampeln! Ich war nämlich am Ende meiner Kräfte.

»Werden wir denn glücklich zusammen?«

»Und ob wir zusammen glücklich werden!«, versprachen wir uns gegenseitig.

Ich kann mich sogar noch an den hellbraunen Mantel erinnern, den mein Vater trug, während er uns beide heimlich bei unserem Treueschwur beobachtete – wie er schüchtern dastand und immer wieder zu seiner Tochter und seiner neuen Ehefrau herüberblinzelte.

Aber meine eigentliche Mama, von der ich doch an genau demselben Ort Abschied genommen hatte, hatte ich vergessen.

Von meiner Mama bin ich einmal für ein paar Tage entführt worden.

Mama war alkoholsüchtig. Man hatte ihr das Sorgerecht für mich entzogen, und da war sie mit mir abgehauen.

Daran konnte ich mich gut erinnern. Mama reiste mit mir ins luxuriöseste Onsen*-Gasthaus der Gegend, wo wir drei Tage und drei Nächte lang aßen, tranken und ausgiebige Bäder in den heißen Quellen nahmen. Jeden Abend jammerte Mama: »Bleib doch bei mir – dann machen wir so was die ganze Zeit!« Und ich erwiderte: »Ich brauche so was nicht, Mama, aber ich bleibe trotzdem bei dir!«

Am letzten Abend brach Mama im Bad zusammen, da sie tagelang zu viel getrunken hatte. Mein Vater wurde benachrichtigt, und so wurden wir unerwartet schnell wieder aufgespürt. Ich weiß auch noch, wie ich vom luftig weichen Hotelfuton aus traurig auf Mamas Rücken blickte, während sie mit meinem Vater telefonierte. »Du kannst sie sehen, wann immer du willst«, beteuerte mein Vater am anderen Ende der Leitung, und Mama sagte kleinlaut: »Ja, gut«, und nickte wie ein Kind. Dann kam Mama zu mir in den Futon gekrochen und weinte bitterlich. »Am liebsten möchte ich für immer bei dir bleiben, keine Sekunde will ich mich von dir trennen, ich hab dich doch so lieb, als wärst du ein Teil von mir«, wiederholte sie immer wieder. Für mich war das alles ein Rätsel: Ihre nassen Haare störten mich und ihr Atem, der nach Alkohol roch, aber sie war mir jetzt doch so nah, ich brauchte nur die Hand auszustrecken, um sie zu berühren, wir waren zusammen im Bad gewesen, sie hatte mich von Kopf bis Fuß gewaschen, und eben beim Abend-

* Onsen: eine natürliche heiße Quelle, meist mit angeschlossenem traditionell japanischen Gasthaus. (A. d. U.)

essen hatten wir noch die Beilagen getauscht – wie war es da nur möglich, dass ich sie nie mehr wiedersehen würde, dass wir nicht zusammen leben durften, dass der Staat so etwas bestimmen konnte und dass ausgerechnet meine Oma, die doch immer so lieb zu mir war, das auch noch gutheißen sollte – all das verstand ich nicht, und es machte mir Angst.

Dann, in dieser letzten Nacht, haben wir voneinander Abschied genommen, meine Mama und ich, in jenem Park, unter Kirschbäumen, die ihr üppiges grünes Sommerlaub trugen. Es roch nach dem Wasser des Sees. Ein Geruch, der ein wenig dem des Meeres ähnelte.

»Komm mal her, Miyo-chan«, sagte meine Mama in die Dunkelheit hinein.

Ihr Schatten schien im satten Grün zu schweben. Dann kletterten wir zusammen durch die aneinandergeketteten Ruderboote, manchmal hielt sie mich nur an der Hand, manchmal hob sie mich über den Bootsrand, bis wir etliche Boote überquert und das erreicht hatten, das der Mitte des Sees am nächsten lag.

Wir konnten zwar nicht einfach davonrudern, da die Boote zusammengebunden waren, aber wir setzten uns einander gegenüber auf die Ruderbänke, und schon sah es aus, als glitten wir über das Wasser. Jedes Mal wenn unser Gewicht das Boot leicht zum Schaukeln brachte, breitete sich ein Wellenring über die Wasseroberfläche aus. Wie im Traum lag ein endloser Teppich aus Lotosblumen vor uns, die Blätter wie Handteller gen Himmel gerichtet. Am liebsten wäre ich an Ort und Stelle geschrumpft, um für immer zwischen ihnen zu verschwinden. Ich hasste Abschiedsszenen, sie verletzten meine Kinderseele.

Je schöner sich diese Nacht entwickelte, umso trauriger wurde sie auch.

Leise quietschend schaukelten die Boote hin und her. Sanft strich der Sommerwind über die Wasseroberfläche dahin, als schleckte er sie ab.

»Weißt du, die Mama wird jetzt zu jemandem ziehen, den sie sehr gern hat. Und dieser Mann mag Waffen«, sagte Mama. In der einen Hand hielt sie eine Flasche Grappa. Das war der Schnaps, den sie ständig wie Wasser aus der Flasche trank, wie ich später im Erwachsenenalter rekonstruieren konnte, da ich mich an das auffällige Bild auf dem Etikett ihrer Stammmarke erinnerte.

»Waffen? ... Etwa Pistolen und so?« Selbst meinem Kindergemüt war in dem Moment klar, dass das nichts Gutes zu bedeuten hatte.

Mama lächelte. »Aber das heißt doch nicht, dass er es mag, Leute abzuknallen! Es heißt nur, dass er gerne schießt. Er sagt, er mag es, eine Waffe in der Hand zu halten, weil ihre Schwere ihn sofort an Leben und Tod denken lässt. Und wenn man sie erst abfeuert, sagt er, fährt einem ein solcher Schock durch die Glieder, dass man augenblicklich das Leben begreift, das eigene wie das der anderen. Diesen Reiz will er nie mehr missen, sagt er, keinen Moment mehr will er ohne dieses Wissen sein. Für die Mama ist es das erste Mal, dass sie einem Menschen begegnet, der so ernsthaft über das Leben nachdenkt, weißt du – wie verzaubert bin ich von ihm. Guck dir doch die anderen Leute mal an, alle, wie sie da sind – also *ich* kann bei denen kaum unterscheiden, ob sie noch leben oder schon tot sind!«

»Werde ich dich nie mehr wiedersehen, Mama?«

»Dieser Mann und ich haben vor, nach Hawaii zu gehen. Dort wollen wir eine Crêperie eröffnen. Komm mich doch mal besuchen, wenn du groß bist! Du kannst jederzeit kommen, wann immer du Lust hast! Dann backe ich dir zuckersüße Crêpes, so viele du magst und ganz umsonst. Und ich werde stolz in der Nachbarschaft herumlaufen und jedem erzählen, dass du meine Tochter bist! Ich werde nie mehr ein Kind bekommen, das verspreche ich dir, du wirst meine einzige Tochter bleiben, das steht fest!«

Das mit den Crêpes mag erfunden gewesen sein, weil direkt vor uns eine schon dunkle Bude mit dem Anschlag »Crêpes« zu sehen war, aber das mit dem Kind war ihr voller Ernst, ganz sicher. Denn als sie das sagte, funkelten ihre Augen, dass mir angst und bange wurde. Dann meinte Mama es nämlich immer ernst. Das wusste ich, weil dasselbe Funkeln in ihren Augen lag, als sie mit dem großen Küchenmesser auf Vater losgegangen war, und auch, als ich sie einmal angelogen hatte und sie so lange auf mich einschlug, bis meine Nase blutete.

»Ja«, sagte ich und nickte.

Dann saßen wir noch eine ganze Weile schweigend zusammen in dem Ruderboot. Ohne ein Wort zu sagen und so lange, bis wir es nicht mehr aushalten konnten und beide aufs Klo mussten. Wir sogen diese schöne Nacht ganz tief in uns ein, so als hätten wir es darauf angelegt, uns selbst zu quälen. Merkwürdigerweise dachte ich die ganze Zeit fieberhaft: »Ich muss mir das alles unbedingt gut einprägen!« Und dabei haben meine Augen bestimmt dasselbe Funkeln versprüht wie Mamas.

»Vergiss deine Mama nicht, hörst du. Aber trauere auch

nicht der Vergangenheit hinterher!«, sagte Mama dann. Hinter ihrem klaren, entschlossenen Profil sah ich die Lotosblumen und das Schloss. Ein Mensch wie Mama passte nicht in diese kleine Stadt. Das wurde mir in diesem Moment klar. Sie würde hier verrotten und zugrunde gehen wie diese aneinandergeketteten Ruderboote, dachte ich.

Unter Tränen rief Mama meinen Vater an. Die Telefonzelle leuchtete in der Dunkelheit. Mamas Rücken wurde rund, wenn sie weinte. Der See, die Lotosblumen, das dunkle Wasser unter der glitzernden Oberfläche, die Neonlichter, die Silhouette des Schlosses … das alles war viel zu schön, die Welt war viel zu groß. Die Brust wollte mir zerspringen.

»Papa kommt dich jetzt abholen. Uh-huhuhu, uh-huhuhu …« Mama schluchzte auf und umarmte mich. Ihre Wange fühlte sich heiß an, als sie meine berührte. In der schwülen Sommernacht war mein T-Shirt nass von Schweiß. Ein schwerer Geruch lag in der Luft, eine Mischung aus Wasserdunst und Pflanzengrün. Mama presste mich nicht etwa fest an sich, sondern umarmte mich, indem sie mit ihren Armen sachte einen großen Kreis um mich herum bildete. Als wäre ich ein rohes Ei.

Dann rannte sie los, rannte Richtung Parkausgang, weinend, taumelnd, aber ohne sich umzusehen. Am liebsten wäre ich hinter ihr hergerannt. Andererseits wollte ich auf keinen Fall mit dem Kerl, der Waffen mochte, nach Hawaii ziehen – nein, danke! Ich wollte mein ruhiges Leben in aller Ruhe weiterleben. Um ehrlich zu sein, war ich Mamas Eskapaden genauso müde wie mein Vater. Trotzdem wäre ich am liebsten hinter ihr hergerannt. Ich wollte alles zurücklassen, um mich in Mamas Arme zu werfen und an ihr festzuklammern. Ich wollte losschreien. Es kamen keine Tränen. Der Mond war aufgegangen. Wenn er wieder untergeht und es Morgen geworden ist, wird alles vorbei sein, dachte ich. Bitte, lieber Gott, halte doch irgendwie die Zeit an! In der Dunkelheit roch es noch ein wenig nach Mama, und die Lotospflanzen ließen ihre noch nicht aufgeblühten Knospen über dem Wasser schweben. Bitte, lieber Gott, lass alles, wie es ist, irgendwie.

Dann kam mein Vater mich abholen. Ich glaube, er hat mich auf seinen Schultern nach Hause getragen, und ich habe die ganze Zeit geweint.

An die Zeit danach konnte ich mich partout nicht mehr erinnern.

Der tiefe Schock und die ungeheure Verunsicherung aus dieser Erfahrung haben mich offenbar eine Zeitlang verstummen lassen; ich musste Medikamente nehmen und soll sogar ein paarmal im Krankenhaus gewesen sein.

Es war schon dunkel, als ich nach der Hypnose mit meiner Freundin die Praxis der Therapeutin verließ.

»War es etwas Gutes, an das du dich zurückerinnert hast?«, fragte mich meine Freundin gleich auf der Straße, als hätte sie ihre eigene depressive Krise schon vergessen. Sie fragte halb aus Neugier, halb, weil sie sich verantwortlich fühlte. Aber ihren Augen war anzusehen, dass sie es gut meinte.

»Ja, an eine Episode mit meiner Mama, von der ich getrennt wurde, als ich klein war.«

»Und was macht sie jetzt?«

»Ehrlich gesagt, ich weiß es nicht …«

»Was für ein Mensch war sie denn so?«

»Sie war auf jeden Fall eine schöne Frau.«

»Aha. Ich habe ja deine jetzige Mutter immer für deine richtige gehalten, Miyo-chan …«

»Sie ist ja auch wie eine beste Freundin für mich. Es ist jetzt schon vier Jahre her, seit ich zum Studium hierhergezogen bin, aber wir telefonieren immer noch fast täglich miteinander, und wenn sie Streit hat mit meinem Vater, kommt sie her und übernachtet bei mir.«

»Sachen gibt's …«

»Ja, bei Menschen ist alles möglich«, antwortete ich.

Nanu, was war denn das?, habe ich mich schon oft gefragt, wenn ich draußen in der Natur war, denn auf einmal fühlte ich mich irgendwie so zart umhüllt. Es war, als habe mich jemand in den Arm genommen – ganz sanft, als wäre ich ein rohes Ei. Nun kannte ich endlich den Grund dafür. Jetzt, da ich mich erinnert hatte, würde ich wohl mehr noch als zuvor die Nähe und Lebendigkeit der Welt zu spüren bekommen.

Durch die Erinnerung an Ruderboote, die im Dunkeln auf dem Wasser schwammen, an die sanfte Umarmung, als wäre ich ein rohes Ei – durch die Erinnerung an jene Frau, die meine Mama war.

JOEY GOEBEL

Unsere Olivia

Wie bei seinem heiligen Ritual üblich, bereitete Anthony Dent kurz vor sechs Uhr abends einen Bourbon mit Wasser für sich und die Frau vor, die er liebte, der er aber noch nie begegnet war. Diese Woche war es ein Early Times Kentucky Whisky. Er stellte ihr Glas neben den Fernseher und nahm dann seinen Stammplatz auf dem braunen Sofa ein, das er im Secondhand-Laden der Heilsarmee gekauft hatte. Wenig später war sie da, verteilte ihre Schönheit über sein düsteres und schäbiges Apartment mit den kahlen Wänden und den Kaffeeflecken auf dem Teppich. Sie trug das weiße Kostüm, das ihm so gefiel.

Olivia Abbott war umwerfend. Das fand ganz Moberly. Ihr schulterlanges brünettes Haar trug sie als zahme Variante des damals noch beliebten Rachel-Cut. Und ihr Mund, so schelmisch und doch lieb, so patent – Anthony fiel das treffende Wort für ihren Mund ein: geheimnisvoll. Doch gewöhnlich konzentrierte sich Anthony darauf, ihr direkt in die großen braunen Augen zu schauen.

Er drückte auf die Stummtaste seiner Fernbedienung. »O Olivia, du siehst heute Abend engelsgleich aus. Es ist wirklich schön, dich zu sehen. Ich hatte mal wieder einen miesen Tag. Ich erzähl dir alles darüber, doch vorher –«, Anthony hob sein Glas: »Auf ein Neues!« Er nippte an seinem Whisky. »Hoffentlich weißt du noch, dass wir uns heute Abend endlich persönlich kennenlernen. Keine Bange, ich habe alles gründlich bedacht. Ich werde nach dir Ausschau halten – meine Güte, was willst du denn hier?«

Jetzt war ihr Moderatorenkollege auf dem Bildschirm zu sehen. »Dir glaub ich kein einziges Wort«, sagte Anthony kühl. »Vermutlich hast du nicht mal eine Seele.« Anthony trank noch einen Schluck. »Wahrscheinlich betrügst du deine Frau.«

Bald erschien Olivia wieder auf dem Schirm. »Ich habe für heute Abend alles vorbereitet. Überlass einfach alles mir. Übrigens läuft es auf der Arbeit immer noch nicht rund. Der Job an sich ist in Ordnung, aber wenn wir nichts zu tun haben und einfach nur rumstehen – dann wird's echt schwierig. Ich weiß nie, was ich zu meinen Kollegen sagen soll. Anscheinend fällt ihnen problemlos irgendwas ein, das sie sagen können. Es macht ihnen gar keine Mühe. Klar gibt es da meine Beeinträchtigung, aber mir fehlen ja sogar die Themen. Doch wenigstens habe ich in dieser Hinsicht mit dir keine Probleme.«

Olivia verschwand erneut, und statt ihrer stand ein Reporter neben einem Highway und redete über die letzte Runde von Brückenreparaturen. Es war die Brücke, von der die Bewohner Moberlys gerne sprangen, wenn sie sich umbringen wollten. Anscheinend war sie permanent baufällig und verrostete alle paar Jahre. Anthony schaute auf einen Zettel, wo er Themen für das abendliche Gespräch notiert hatte. Während er überlegte, was er als Nächstes sagen sollte, zwirbelte er eine seiner schlaffen schwarzen Locken zwischen den Fingern, eine Angewohnheit von ihm.

Er hatte auch die Angewohnheit, ohne Vorwarnung beide Hände möglichst fest zu Fäusten zu ballen, bis die Finger schmerzten.

Schließlich kehrte der Moderator auf den Schirm zurück. Anthony zeigte ihm den Stinkefinger und sagte ihm, falls er je Kinder bekäme, würde er einen miesen Vater abgeben, und falls er schon Kinder hätte, säßen sie bestimmt nicht gern mit ihm zusammen im Auto.

Olivia kam zurück. »Das ist jetzt wirklich peinlich. Als ich heute Morgen zur Arbeit kam, probierte ich es zur Begrüßung mit der Variante eines dieser hippen Handschläge, die sie alle so cool finden, doch ich bekam das nicht hin und streichelte schließlich die Hand meines Arbeitskollegen. Er sah mich an, als wäre ich der größte Volltrottel überhaupt.«

Als ein Einspieler über jemanden kam, der ein Haus voller Hunde vernachlässigt hatte (in Moberly wurden ständig von irgendwem Häuser voller Hunde vernachlässigt), warf Anthony noch einen Blick auf seinen Zettel. »Olivia, mir ist klar, dass wir vor unserer Begegnung heute Abend ein paar Probleme aus dem Weg räumen sollten. Zunächst einmal ist mir bewusst, dass dies für ein Paar nicht die ideale Art ist, sich persönlich kennenzulernen. Doch ich halte mich gern für etwas Besonderes, und du bist offensichtlich auch etwas Besonderes, und besondere Menschen sollten das Recht haben, Dinge auf ihre eigene Art zu machen. Und ich *sehe* zwar nicht besonders *aus*, aber du weißt ja schon über mich und mein Drehbuch Bescheid, was nichts weiter heißen soll als, nun ja … ich bin auf einem guten Weg.«

Wieder kam der Moderator ins Bild, doch diesmal redete Anthony weiter, konzentrierte sich jetzt auf Spinnweben in einer Ecke der Zimmerdecke, die er manchmal als Double für Gott benutzte. Die Spinnweben hingen schon ewig da und zuckten, wenn Heizung oder Klimaanlage an waren. »Ich weiß, dass es Gründe gibt, warum das mit uns nicht funktionieren könnte. Einer von uns ist prominent und hat einen beeindruckenden Job. Der andere arbeitet im Lager eines großen Baumarkts. Aber ich bin auf einem guten Weg. Steve trifft sich nächste Woche mit diesem Produzenten in L. A. Lass es bitte geschehen. Im Moment mag ich dir wie ein Niemand vorkommen, aber das wird nicht lange so bleiben. Lass es bitte geschehen.«

Wieder erschien Olivia auf dem Schirm. Anthony stellte seinen Drink ab und rutschte an die Sofakante. Er redete hektisch, schaute abwechselnd auf den Fernseher und die Spinnweben. »Ich weiß, dass bald Werbung kommt, und dann meldet sich Hal mit dem Wetter, also hör mir bitte einfach zu. Du musst mir eine Chance geben. Lass nur ein Mal, nur dieses eine Mal, die Guten gewinnen. Bitte. Mir gelingt gar nichts. Stimmt, ich habe das Drehbuch, aber ich meine bei Frauen. Bei Menschen. Ich weiß wirklich nicht, was mit einem Mann geschieht, wenn ihm sein ganzes Leben lang nichts gelingt. Alle waren so grausam zu mir. Es tut so weh und hört nicht auf. Aber warte nur, bis sie mich mit dir zusammen sehen.« Auf dem Bildschirm erschien die Werbung eines Autohändlers. »Ich kann es nicht erwarten, dich heute Abend zu sehen. Amen.«

Anthony stellte sich vor, wie diese Szene für viele seiner toten Verwandten ausgesehen haben mochte. Er spürte, wie sich Tränen bildeten, hielt sie aber zurück.

Dann folgten die Zweifel, sie betraten seinen Geist wie

fahlgesichtige Sargträger. War sie überhaupt Single? Wie wäre das *möglich*? Und alle anderen wiesen ihn ab. Warum sollte sie anders sein? Und wenn ihre Zurückweisung der letzte Stoß wäre, der ihn dazu brachte, ein schlechter Mensch zu werden? »O Gott«, sagte er, als die nächste Autowerbung lief, diesmal brüllte ein Mann die Zuschauer an. »Lass nicht zu, dass ich ein schlechter Mensch werde.«

Anthony war fünfundzwanzig. Wenn er an all die Jahre unerwiderter Liebe dachte, jede Variante unerwiderter Liebe, die man sich nur vorstellen kann: die vielen Male, die man ihm direkt ins Gesicht gelacht hatte, die vielen Gelegenheiten, wenn ihm abrupt der Wind aus den Segeln genommen wurde, weil die Frau ohne jede Erklärung plötzlich verstummte … Dann stellte er sich seine ungenutzte Liebe als Flüssigkeit vor, und sein Körper war so voll von dieser Flüssigkeit, dass sie jeden Moment überlaufen konnte. Sie hatte sich dermaßen aufgestaut, weil so viele Menschen seine Liebe zurückgewiesen hatten, doch Anthony hielt daran fest, weil er dachte, eines Tages würde er der richtigen Person begegnen, die er mit seiner Liebe überschütten könnte.

Seiner Meinung nach war diese Person die Nachrichtensprecherin Olivia Abbott von den Nachrichten auf Channel Seven. Er hielt sie für eine Göttin, die perfekte Frau, die seinen jahrelangen Kummer wettmachen würde. Sie würde seine Belohnung sein. Er war überfällig. Dieses Wort traf seiner Ansicht nach am besten auf ihn zu: überfällig. Doch wenn er sich seine überschwengliche Liebe vorstellte, dachte er unwillkürlich: Was, wenn Olivia, was, wenn *niemand* jemals dieses große, volle Glas mit dem annimmt, was ich zu bieten habe? Werde ich dann nicht irgendwann schal? Und was ist, wenn eine solche große Menge sauer wird? Geraten wir dann nicht alle in Schwierigkeiten?

Er erhob sich vom Sofa und leerte Olivias Drink für sie. Als sie wieder auftauchte, presste er die Fingerspitzen auf ihr Gesicht hinter dem staubigen Bildschirm.

Moberly, Kentucky, lag am Ohio River im Westteil des Bundesstaats, eines auf ewig verarmten Staates, der in Sachen Gesundheit und Bildung landesweit zu den Schlusslichtern gehörte. Es war ein kleiner, freundlicher Ort, und wahrscheinlich käme man zu dem Schluss, dass er sich kaum von anderen Orten unterschied. Beispielsweise fuhren genau wie anderswo die Leute auf Parkplätzen zu schnell, und die meisten Eltern passten auf dem Spielplatz nicht ordentlich auf ihre Kinder auf. Und wie in den meisten amerikanischen Städten dieser Größe gab es keine Buchhandlung.

Die Studios von Channel Seven waren schon immer in Moberly gewesen, auch wenn sich dessen Hauptmarkt in der übernächsten Stadt befand, dem viel größeren Salton, Indiana. Anthony parkte seinen 1989er-Pontiac Grand Am am Rande des Parkplatzes, von wo aus er den Hinterausgang im Blick hatte. Jetzt war es 22 Uhr 35, Zeit für Olivia, nach den Zehn-Uhr-Nachrichten den Sender zu verlassen. Er betrachtete das Gebäude und dachte daran, dass sie da drin war. Ihr Körper war dort. Er lechzte danach, mit seinen Fingerspitzen all die Linien nachzuzeichnen, die sie ausmachten.

Es war sein zweiter Besuch auf dem Gelände von WTSW. Das erste Mal war vor fünf Monaten gewesen, nicht lange nachdem er Olivia im Fernsehen entdeckt hatte. Als er sie das erste Mal sah, fühlte sich sein ganzer Körper entflammbar an, und in dieser Nacht schlief er nicht vor vier Uhr früh auf seinem Doppelbett ein. Er dachte sich, um sie kennenzulernen, sollte er sich am besten einen Job in dem Nachrichtensender suchen. Am Empfang gab man ihm ein Bewerbungsformular für einen Job als Produktionsassistent mit, lud ihn aber nicht zu einem Vorstellungsgespräch ein. (Sein Abschluss in Betriebswirtschaftslehre, zu dem sein Vater ihn gezwungen hatte, weil er »Sicherheit« gäbe, hatte ihm in den letzten vier Jahren nicht viel gebracht.) In den folgenden Monaten hatte er sich zu keinen weiteren Schritten aufraffen können, bis er einen Artikel über Olivia in *Here & Now* las, einer dieser Gratiszeitschriften, die in den Metallständern vor Restaurants und Geschäften auslagen.

Dank dieses Zeitschriftenartikels erfuhr Anthony endlich ein wenig mehr über Olivia. Sie stammte aus Kansas City in Missouri, wo sie an Wochenenden als Moderatorin gearbeitet hatte. Sie war zwei Jahre älter als Anthony. Auf die Frage nach ihren Hobbys ließ sie sich so zitieren: »Ich weiß, es klingt kitschig, doch Freitagabend baue ich gern den Stress der Arbeitswoche ab, indem ich Karaoke singe.«

An den letzten beiden Freitagabenden unternahm Anthony ein paar seltene Ausflüge aus seiner Wohnung in die Bars der Gegend, die Karaoke anboten, doch von Olivia keine Spur. Heute Abend hatte er vor, ihr zu folgen, wohin sie nach der Arbeit auch gehen mochte. Er hoffte, sie würde in einer Bar singen, wo er sich zuerst Mut antrinken und sich ihr dann vorstellen würde.

Um 22 Uhr 50 verließen die ersten Mitarbeiter das Studio, so auch Mark Parker, Olivias Co-Moderator. Anthony betrachtete sich nervös im Rückspiegel. Er sah gar nicht übel aus, und es wäre nicht abwegig, sich ihn und Olivia als Paar vorzustellen. Er hatte ein sympathisches Gesicht, die Nase war eine Spur zu groß, und seine schlaffen schwarzen Lockenhaare unterschieden ihn von in dieser Gegend lebenden Männern mit banalem Haarwuchs. Sein Lächeln war jungenhaft nett, aber nicht unbedingt fröhlich. Er hatte freundliche Augen, die häufig auf den Boden oder seine Schuhe gerichtet waren (blaue Wildleder-Vans). Wäre das Leben ein Kinofilm, hätte man ihn als den schrulligen, aber verlässlichen besten Freund des selbstsicheren, etwas besser aussehenden Hauptdarstellers besetzt, so einen wie Mark Parker.

Es war kurz vor elf, als er sie sah. Sobald er sie leibhaftig sah, fühlte es sich an, als würden Gottes große Glühwürmchenfinger Anthony ins Rückgrat piksen, sein zentrales Nervensystem beschleunigen und elektrisieren, ein Gefühl, als würde er sich gleich aus seinem eigenen Körper katapultieren. Er wollte sich selbst hinter sich lassen.

Olivia stieg auf der anderen Seite des Parkplatzes in einen mittelgroßen taubenblauen Wagen. Anthony ließ den Motor an und schaltete die Scheinwerfer ein. Er wartete, bis sie sich der Parkplatzausfahrt näherte.

Als er gerade seine Parklücke verlassen wollte, bot sich ihm vor seinem Wagen ein surrealer Anblick.

Anthonys Scheinwerfer beleuchteten einen langhaarigen

Dicken in einem grauen Jogginganzug und mit einer Basecap der Kansas City Royals auf dem Kopf. Der Mann streckte Anthony ungelenk eine Hand entgegen, hielt ihn an.

Er rief irgendwas.

Anthony ließ die Scheibe runter.

»Sie gehört mir! Sie gehört *mir*!«

Der Mann kam an Anthonys Fenster. Er hatte graue Bartstoppeln, mochte Mitte fünfzig sein. Vielleicht hatte er einmal gut ausgesehen, doch die Zeit hatte seinem Gesicht übel mitgespielt. Er sah aus wie jemand, der sich immer gerade von einem Ort entfernte, an dem man ihn nicht haben wollte.

»Ich weiß genau, was du vorhast.«

»Ich h-h-ab gar nichts vor.«

»Du bist hinter Olivia her. Ich sag's dir gleich, zieh dich zurück, oder ich bring dich um. Klar?«

Anthony schüttelte den Kopf und ließ die Scheibe hoch. Er stellte den Hebel auf Drive, doch als er anfuhr, ließ sich der Mann mit dem Bauch voran auf seine Motorhaube fallen.

Anthony stieg aus, während der Mann schrie: »Glaubst du etwa, ich lasse zu, dass hier irgendein Neuling auftaucht und alles kaputtmacht, was ich mir aufgebaut habe?«

»R-r-unter von meinem Auto!«

»Augenblick mal«, sagte der Mann mit dem knochigen Gesicht, der immer noch mit erhobenem Kopf auf der Motorhaube lag. »Redest du so?«

Anthony starrte dem dicken Mann in die wilden Augen.

»Stimmt doch, oder? Einen Moment lang hab ich echt befürchtet, du hättest bei ihr eine Chance. Aber glaubst du wirklich, Olivia Abbott würde mit einem Typ zusammen sein, der nicht mal richtig reden kann?«

Angetrieben von einer Wut, der er nur selten freien Lauf ließ, packte Anthony den Mann an seinen Fußknöcheln und zog mit einer Kraft, von deren Existenz er nichts geahnt hatte. Der Mann rutschte quer über die Haube und runter vom Auto. Auf dem Weg nach unten stieß er sich den Kopf an der vorderen Stoßstange.

Anthony sah sich um. Niemand sonst war zu sehen. Er ging wieder zu seiner Fahrertür, als der Mann laut, hemmungs- und schamlos zu weinen begann wie ein groteskes Kleinkind. Anthony kniete sich neben ihn.

»Geht's Ihnen nicht gut?«

Der Mann antwortete nicht, und zwischen seinen Fingern sickerte Blut hervor.

»Tut mir leid. Aber S-S-Sie haben g-gesagt, Sie würden mich umbringen.«

Der Mann weinte weiter. Anthony war ehrlich beeindruckt davon, dass sich jemand so gehenließ.

»Soll ich Sie im Krankenhaus absetzen?«

»Bloß nicht. Ich bin total zugedröhnt. Wenn die rauskriegen, was ich alles genommen hab, holen sie vielleicht die Bullen.«

»Na schön. Ich muss los.«

»Moment. Kannst du mir nicht etwas Eis bringen?«

»Keine Ahnung. Ich weiß nicht, was ich machen soll.«

Der Mann nahm seine Hand von der Stirn, so dass man seine blutende Wunde sah. Anthony war betroffen angesichts des Schadens, den er einem menschlichen Körper zugefügt hatte.

»Vielleicht nur ein paar Eiswürfel in einem Handtuch?«, schlug der Mann schniefend vor.

Der bescheidene Wunsch beschämte Anthony. Er war von sich selbst enttäuscht. Normalerweise ignorierte er Menschen, die sich über sein Stottern lustig machten, doch weil sich der Mann so direkt und unverblümt geäußert hatte, gab etwas in ihm nach. Seit der Pubertät hatte er mit seinem Stottern gelebt. Das erste Mal war es passiert, als eine Lehrerin ihn aufgefordert hatte, ein paar Bibelverse laut vorzulesen. Als er über die Wörter stolperte, lachte die Klasse. Als das Schuljahr seinen Verlauf nahm und das Stottern blieb, wurde es weniger lustig.

Während Highschool und College nagte das Stottern an Anthonys Selbstachtung. Was er darauf zurückführte, dass er mit fünfundzwanzig noch Jungfrau war, weil das Stottern besonders schlimm wurde, wenn er mit Mädchen und jungen Frauen sprach. Nur wenn er allein war, konnte er normal reden. Bis er herausfand, wie sich Alkohol auf seine Sprachstörung auswirkte. Während seines letzten Jahres auf der Highschool merkte er, dass er sich wie jeder andere auch unterhalten konnte, wenn er trank. Was im Laufe der Zeit zu zahlreichen alkoholbedingten Problemen führte. Neben einigen Trunkenheitsfahrten bewirkte sein Trinken, dass er zu Frauen häufig genau das Falsche sagte.

Sein Sprachfehler führte ihn direkt zum Schreiben. Beim Schreiben lief er zu Hochform auf, und neben Literatur schrieb er besonders gern Briefe, auf die er allerdings meist keine Antworten bekam. Er fragte sich, wie das wohl sein mochte, anderen einfach nicht zu antworten. Lag es daran, dass er in seinen Briefen offen und ehrlich, es den Adressaten allerdings unangenehm war, auf all das zu reagieren, was er darin ansprach? Antworteten sie ihm deshalb nicht?

Es war schwierig, ihm als Gegenüber zuzuhören. Es war schwierig, mit seinen Briefen umzugehen. Also bekam er keine Antwort, keine Antwort, keine Antwort – es war der rote Faden, der sich durch sein Leben zog. Dazu passte, dass nicht einmal die geliebte Olivia auf seine Bemerkungen reagierte.

Er half dem Mann auf die Beine.

Weil der Mann Anthony partout nicht erzählen wollte, wo er wohnte, fuhr der ihn in sein Apartment, wo er ihm ein Badetuch reichte und sagte: »Hier. Ich schmeiß es weg, wenn Sie fertig sind, also keine Sorge wegen der Blutflecken.« Der Mann sagte nicht viel, außer dass er sich fühle, als sei er »kein Teil der Realität«. Als er das Bad verließ, sah der Mann ohne das Blut längst nicht so schwer verletzt aus, wie Anthony befürchtet hatte. Und in der schwachen Wohnungsbeleuchtung erkannte Anthony jetzt, dass die Platzwunde gar nicht so deplatziert wirkte. Der Mann wirkte irgendwie angeschlagen. Gesichtsverletzungen waren bei ihm wahrscheinlich nichts Ungewöhnliches.

Anthony gab ihm ein Schmerzmittel und das versprochene Eis, und sobald klar war, dass Anthony überhaupt keinerlei Medikamente in seinem Apartment hatte, gab sich der Mann, der nur seinen Nachnamen nannte, Carlisle, mit einem Whisky mit Eis zufrieden.

Die beiden ließen sich auf dem Sofa nieder und tranken.

»Ich weiß das zu würdigen«, sagte Carlisle, »aber es ändert gar nichts. Ich gestatte nicht, dass du es meiner Olivia besorgst.«

Anthony lachte.

»Was denn? Warst du nicht deshalb auf dem Parkplatz?«

Erleichtert, dass er endlich gestehen konnte, sagte Anthony: »Stimmt, ich war da, um Olivia zu folgen. Aber n-nicht, um das zu tun, was Sie gerade gesagt haben.«

»Blödsinn.«

»Zugegeben, das will ich auch, aber eigentlich suche ich nur jemanden, mit dem ich reden kann. Ich la-la-liebe sie.«

»Du bist wohl eher scharf auf ihren Arsch.«

»Nein. Sie ist so viel mehr als das.«

»Mein Fehler. Sie hat ein hübsches, volles Paar Titten, und die Beine sind auch nicht ohne.«

»Sie hat eine tolle Persönlichkeit. Ist Ihnen das noch nie aufgefallen?«

»Na logo. Gleich oben in der Mitte ihres Rocks hat sie eine tolle Persönlichkeit. Und was für eine.«

»Sie w-widern mich an.«

»Als würdest du nicht genauso denken.«

»Ich denke, sie strahlt Wärme und F-Freundlichkeit aus und ist ausgesprochen intelligent, und ich habe noch n-n-nie eine so angenehme Sprechstimme gehört.«

»Wenn ich endlich mit ihr fertig bin, wird sie in Zungen reden. Ich werd's ihr so richtig besorgen.«

»Aufhören!« Anthony stand auf, er wollte mit diesem Mann nicht das Sitzmöbel teilen. »Hören Sie auf, so über sie zu reden.«

»Ich rede über sie, wie es mir passt. Ich hab sie zuerst gesehen. Und sie wird *mir* gehören.«

»Ich halte es für wa-wa-wahrscheinlicher, dass Sie von einem Blitz getroffen werden.«

»Ich *bin* mal von einem Blitz getroffen worden.« Anthony lachte, doch Carlisle blieb ernst. »Und ich verrate dir noch was, Häuptling. Olivia hat sich schon in mich verliebt. Es ist also alles in trockenen Tüchern.«

Wieder lachte Anthony. »Sind Sie ihr überhaupt jemals *begegnet*?«

»Nein, aber sie liebt mich, und das weiß ich.«

»Wieso sagen Sie das?«

»Das spüre ich, wenn sie im Fernsehen ist. Als würde sie mit *mir* reden.«

Anthony gab ein leises, trauriges Lachen von sich und nickte. Er bot Carlisle noch einen Drink an, dann setzte er sich wieder.

»Du bist so ein Amateur. Garantiert kennst du nicht mal ihren richtigen Namen.«

»Olivia ist nicht ihr richtiger Name?«

Carlisle lachte.

»Wie *lautet* denn ihr richtiger Name?«

»Das verrate ich dir nie.«

»Woher kennen Sie ihn?«

»Ich weiß *alles* über sie.«

»Woher?«

»Ich rede mit Leuten, Dummkopf. Ich rede mit dem Kameramann. Ich rede mit ihren Nachbarn. Ich rede mit den Freunden ihrer Nachbarn.«

»Sie wissen, wo sie *wohnt*?«

»Natürlich weiß ich das. Du etwa *nicht*?«

»Nein.«

»Du weißt echt nicht, was du da tust, oder?«

»Nein.«

»Du hast sie nicht verdient.«

»*Sie* etwa?«

»Wenigstens weiß ich, was ich mache. Zunächst mal parkt man nicht irgendwo und sitzt im Dunkeln herum. Du hast da draußen scheißverdächtig ausgesehen.«

»Wo waren Sie denn, wenn Sie nicht in einem Auto gesessen haben?«

»In meinem Versteck.«

»Als ob das nicht verdächtig wäre.«

»Unwichtig. Du hast mich nicht *gesehen,* stimmt's?«

Die nächste halbe Stunde rüffelte Carlisle Anthony nicht nur, weil er seiner Angebeteten nachstellte, sondern auch, weil er sich dabei völlig verkehrt anstellte. Schließlich döste er mitten im Satz ein. Anthony ließ ihn auf dem Sofa liegen und packte ihm sogar ein Kissen unter den Kopf. Ehe er das Licht löschte, fuhr er mit der Fingerspitze über die Platzwunde.

Anthony setzte große Hoffnungen auf den nächsten Morgen, wenn Carlisle nüchtern sein würde und er ihn nach allem fragen konnte, was er über Olivia wusste. Doch als Anthony aufstand, war Carlisle fort.

Kurz vor sechs Uhr abends machte sich Anthony, ihrem heiligen Ritual gehorchend, einen Whisky mit Wasser, während Carlisle am Küchentisch saß und einen Joint drehte. Sie nahmen ihre Plätze am jeweils anderen Ende des Sofas ein. Als Olivia auftauchte, zählte Carlisle sofort all das auf, was er gern mit ihr machen würde. Auf seine Frage, was

Anthony gern mit ihr machen würde, antwortete der, er würde sie gern sanft auf den Haaransatz im Nacken küssen. Darauf erwiderte Carlisle, über denselben Ansatz würde er gern lässig seine Hoden drapieren.

Sie hatten sich den ganzen letzten Monat gemeinsam die Abendnachrichten um sechs und um zehn Uhr angesehen. Katalysator für diese kleinen Fernsehpartys war ein Vorkommnis gewesen, das sich zwei Wochen nach Anthonys und Carlisles erster Begegnung zugetragen hatte.

Anthonys Drehbuch verkaufte sich nicht.

In dem Augenblick, als Steve, der Mann, der als sein Agent fungierte, ihm die schlechte Nachricht mitteilte, spürte er, wie sich sofort Tränen sammeln wollten, doch er gestattete sich nicht zu weinen. Er erinnerte sich nicht, je gesehen zu haben, dass seine Mom oder sein Dad geweint hätten. Ihre Berufe waren erniedrigend, ihre Träume durch Kompromisse verwässert, und sie lebten ohne Hoffnung, doch wenigstens weinte die Familie Dent nie.

Das Drehbuch, das siebte, das Anthony geschrieben hatte, beruhte auf seiner Studienzeit an der University of Southern Indiana, die nahe genug bei Moberly lag, dass er pendeln konnte. Der Protagonist hatte auf dem College keine Freunde. Es gab lange Pausen zwischen den Lehrveranstaltungen, und da er nicht wusste, wo er hingehen sollte, blieb er in seinem Wagen und beobachtete all die jungen Leute durch die Windschutzscheibe, während er trank – für den Fall, dass er in einem Seminar reden oder vorlesen musste. Das Skript endete so, wie Anthony es sich im richtigen Leben gewünscht hätte: Der Protagonist bemerkt eine junge Frau, die in ihrem Auto sitzt und alle beobachtet, und schließlich sitzen sie gemeinsam in seinem Wagen und beobachten zusammen alle anderen.

»Ich schreibe, weil ich nicht sprechen kann.« Das sagte Anthony gern. Er träumte davon, seinen Lebensunterhalt als Drehbuchautor zu verdienen, zugegebenerweise, weil sich damit das meiste Geld verdienen ließ und er sein Leben lang arm gewesen war. Drehbuchautor zu werden kam ihm zuerst in den Sinn, als er mit neunzehn den Film *Paris, Texas* sah. (Besonders fasziniert war er von dem Schauspieler Harry Dean Stanton aus Kentucky.) Einen wesentlichen Teil seines Erwachsenenlebens hatte er damit verbracht, Briefe und Kurzgeschichten an Literaturagenten zu schicken; er verschickte sie wie Gebete, bekam aber keine Antwort, keine Antwort, keine Antwort. Ihm fehlten die Mittel, nach Los Angeles umzuziehen, daher fiel ihm nichts anderes ein, als an Drehbuchwettbewerben teilzunehmen, und letztes Jahr nahm einer der Juroren eines Wettbewerbs Kontakt mit ihm auf und sagte, auch wenn sein Skript nicht gewonnen habe, glaube er, es habe Potential, und fragte, ob er »Angebote einholen« dürfe. Anthony hatte von Anfang an gewusst, dass es eher unwahrscheinlich sein würde, sein Drehbuch zu verkaufen. Doch am meisten schmerzte ihn, dass er Olivia nun so viel weniger zu bieten hatte.

Anthony war so deprimiert, dass er eines Abends auf den Parkplatz des Senders WTSW zurückkehrte, aber nicht, um nach Olivia Ausschau zu halten. Auf dem Parkplatz stieg er aus seinem Wagen und schrie »Carlisle!« in den Abendhimmel. Und tatsächlich tauchte Carlisle vor ihm auf, woraufhin Anthony fragte, ob er ihm helfen könnte, ein paar Oxycodon-Pillen zu besorgen. Anthony hatte noch nie

Drogen genommen, wusste aber seit einer Operation im Rachenraum, wie großartig er sich dank Schmerzmedikamenten fühlte, als könnten seine Gedanken endlich lächeln. Doch in einer unerwarteten Anwandlung von Menschlichkeit weigerte sich Carlisle, ihm die Pillen zu geben, und begründete es damit, er wolle nicht, dass sich der junge Mann zugrunde richtete. Noch überraschender war, dass Carlisle Anthony von oben bis unten musterte und sagte: »Sieh mal. Du hast dein ganzes Leben vor dir. Olivia liebt mich bereits. Zwei andere wunderschöne, berühmte Frauen sind in mich verliebt. Und du hast mir geholfen, als ich völlig fertig war. Daher habe ich beschlossen, dir zu helfen, bei unserer Olivia zu landen.«

Zunächst spottete Anthony über den Vorschlag, doch Carlisle konnte reden und überzeugte ihn bald davon, dass er etwas besaß, was Anthony brauchte: Informationen. Ohne den Drehbuchverkauf brauchte Anthony mehr Hilfe als je zuvor, um sich mit einer so außergewöhnlichen Frau auf Augenhöhe zu treffen, und alles nur Mögliche über sie zu erfahren könnte zu seinem Vorteil gereichen.

Während des nächsten Monats sahen Anthony und Carlisle einander fast täglich. Sie trafen sich in Anthonys Apartment, sobald dieser von seiner Arbeit im Baumarkt nach Hause kam. Anthony trank, Carlisle rauchte – Anthony bat ihn, nichts Härteres als Marihuana in seine Wohnung zu bringen –, und ihr häufigstes Gesprächsthema war Olivia Abbott, auch wenn sie einander allmählich mehr über sich erzählten. Carlisle hatte einmal eine Familie gehabt und war stellvertretender Geschäftsführer des Ponderosa Steakhouse am Highway 71 gewesen. Doch selbst als Familienvater war seine Sucht ein Problem gewesen. Er hatte sie ein paar Jahre unter Kontrolle gehabt, bis er sich eines Tages vor vier Jahren bei der Arbeit beide Unterarme verbrannte, als er einer neuen Mitarbeiterin zeigte, wie man Pommes frites zubereitete. Man gab ihm Schmerzmittel, was dazu führte, dass er sich auf dem Schwarzmarkt mehr Schmerzmittel besorgte und dann alle anderen illegalen Substanzen, die er bekam.

Anthony fand besonders faszinierend, wie Carlisle eine Vorliebe fürs High-Werden und für Kinobesuche entwickelt hatte. (Im Gegensatz zu Anthony mochte Carlisle so ziemlich jeden Film, den man ihm zeigte.) Carlisle richtete es so ein, dass er genau in dem Moment high wurde, wenn die Lichter im Saal verlöschten. Seit seiner Kindheit voller Züchtigungen durch einen ultramachohaften Vater (was ihn mit Anthony verband) hatte er versucht, sich den Verpflichtungen der Realität zu entziehen, aber nie war ihm die Realitätsflucht so gründlich gelungen wie bei diesen Ausflügen ins Lichtspielhaus.

Während dieser Kinobesuche hatte er sich in Drew Barrymore verknallt. Zerrissen zwischen Drogenmissbrauch und seiner Schwärmerei für Drew Barrymore, verlor er seine geistige Orientierung und stand schließlich ohne Arbeit und ohne Familie da. Seine Frau und seine Töchter wussten nichts von Drew Barrymore, sie wussten nur, dass er sich ihnen immer mehr entzog. Tatsächlich brachte er Tag für Tag immer längere Phasen damit zu, Meth zu rauchen und langatmige Briefe an Drew Barrymore zu schreiben. Später entwickelte er ähnliche Gefühle für Winona Ryder und Olivia Abbott.

»Was die für einen Mund hat«, sagte Carlisle und schüttelte den Kopf Richtung Fernseher, während Anthony den Rauch zurück Richtung Carlisles Sofaende wedelte. »Ich bin regelrecht verschossen in diese Frau. Ich bin ein großes Hormon, das sich über Gottes ganze hirnlose Erde versprüht. Du kannst dich glücklich schätzen, dass ich nicht mehr versuche, sie flachzulegen.«

»Für mich wäre es eine Ehre, sie einfach nur bei ihren täglichen Verrichtungen zu beobachten, zu sehen, wie sie in der Küche nach einem Teller greift, welche Kleidungsstücke sie morgens auswählt. Beispielsweise heute hätte ich liebend gern gesehen, wie dieses Kleid und diese Halskette zueinanderfanden …«

»Das zeigt nur, wie wenig du weißt. Vor der Arbeit trägt sie Jeans, und mit diesem ganzen Kram staffiert man sie erst im Sender aus.«

»Das tut nichts zur Sache. Allein zu beobachten, wie sie von einem Zimmer ins nächste geht – ich würde alles tun, um dieses Privileg zu genießen. Ich will sie zum Lachen bringen und zusehen, wie sich ihre Wangen dabei heben und senken.« Anthony machte den Fernseher an. »Hast du das gehört, Olivia? Ich bin nicht wie die anderen Kerle. Wenn wir heiraten, werden wir unsere Flitterwochen irgendwo an einem Strand verbringen, und wir fahren in einen Wein- und Spirituosenladen, wo ich dir kaufe, was du willst, und dann laufen wir kichernd die Gänge rauf und runter, und der Schnapsverkäufer wird über uns lachen. Mit uns.«

»Ich sollte nicht mal zulassen, dass du das morgen durchziehst. Mit so einem Gerede steuerst du schnurstracks auf ein böses Ende zu.«

»Aber wir sind schon so weit gekommen.«

Den restlichen Abend verbrachten sie damit, das durchzugehen, was Carlisle »den Job« nannte. Das sagte er nicht nur wegen der Arbeit, die sie darin investiert hatten, sondern auch, weil er ein Fan von Profi-Wrestling war, und beim Wrestling war ein »Job« jeder Teil einer Show, der dazu diente, dem Publikum weiszumachen, was sie sähen, sei echt. Carlisle glaubte, zunächst sei ein Job nötig, um Olivia daran zu hindern, Anthony zu ignorieren. Der Job war im letzten Monat nach und nach zwischen den Sechs- und den Zehn-Uhr-Nachrichten entstanden. Carlisle ging dann im Wohnzimmer auf und ab und gab Ideen zum Besten, während sich Anthony Notizen machte. Manchmal probten sie sogar, wobei Carlisle die Rolle Olivias spielte. Carlisles Hauptkritikpunkt an Anthony während dieser Proben lautete, er rede zu viel, worauf Anthony erwiderte: »Ich weiß. Es ist nur so angenehm, dass mir jemand zuhört.«

Am ersten Freitag im September fuhr Carlisle Anthonys Wagen, damit Anthony etwas trinken konnte. Anthony trank in seinem Apartment zwei Whisky, genug, um sein Stottern zu beenden. Carlisle achtete auch darauf, dass Anthony etwas aß (einen Double Cheeseburger am Highway 71), damit er nicht nachlässig wurde. Sie waren unterwegs zu einer Bar namens Froggy's, wo Olivia Karaoke sang, wie Carlisle herausgefunden hatte.

»Denk dran, du musst ihr die ganze Zeit in die Augen sehen. Besonders wenn du sie wegen deines Drehbuchs anlügst.«

»Aber was soll ich machen, wenn sie herausfindet, dass ich es nicht verkauft habe?«

»Darüber machen wir uns keinen Kopf. Heute Abend geht es darum, einen ersten guten Eindruck zu hinterlassen.«

»Das mit dem Lügen ist mir nicht recht.«

»Mach nicht so einen Aufriss, Dent. Auf dieser Welt gewinnt nur, wer besser schwindelt als die anderen.«

Es war 23 Uhr 16, als sie vor Froggy's eintrafen. Und tatsächlich entdeckte Carlisle auf dem Parkplatz sofort Olivias Mercury Cougar. Anthony war so nervös, dass er ein paar Schluck Whisky aus einem Flachmann nahm. Als sie ausstiegen, sagte Carlisle: »Letzte Kontrolle.« Anthony trug seine Vans, Bluejeans und ein James-Taylor-T-Shirt (auch wenn es ihn schauderte, sobald er Taylors weiche, ölige Stimme hörte). Carlisle verwuschelte Anthonys lockigen Haare. »Lass sie ein bisschen durcheinander. Weiber mögen das.«

Carlisle betrat die Bar zuerst. Anthony wartete zwei Minuten. Als er durch die Vordertür in die volle kleine Bar ging, rechnete er mit einem Herzstillstand. Olivia stand auf der Bühne und sang Patsy Clines »Crazy«. Ihre Singstimme war ebenso bezaubernd wie ihre Sprechstimme. Sie trug ein kurzes Trägerkleid mit einem weißen T-Shirt darunter und einen engen Halsreif. Als Anthony durch den rauchgeschwängerten Raum blickte, dachte er daran, dass er die gleiche Luft atmete wie sie.

Er schaute sich nach Carlisle um, sah ihn aber nicht. Olivia erntete wahre Beifallsstürme. Als sie an ihren Tisch zurückkam, begrüßten ihre Begleiter sie mit High fives und

Schulterklopfen. Sie war mit fünf Leuten da, drei Frauen und zwei Männern. Eine der Frauen war Reporterin, doch die anderen kannte Anthony nicht. Sie gossen aus zwei großen Krügen Bier in ihre Gläser.

Schließlich machte Anthony Carlisle ausfindig, der neben der Jukebox an der Wand lehnte. Er war besorgt, als er sah, dass Carlisle auf Olivia starrte und die Handfläche lasziv an der Wand rieb, er war aber wild entschlossen, seinen Plan durchzuziehen. Anthony bestellte einen Old Forester mit Wasser und nahm an einem Tisch hinten im Raum Platz. Während er darauf wartete, den entscheidenden Schritt zu tun, betrachtete er Olivia und befand, dass sie mit keinem der beiden Männer etwas hatte. Sie unterhielt sich vorwiegend mit den Frauen, schien sich aber vor allem aufs Trinken zu konzentrieren. In der Zeit, wo die anderen ihre Gläser einmal nachfüllten, füllte sie ihres zweimal nach.

Als Olivia nach einer Weile aufstand und in Richtung Damentoilette ging, sprang Carlisle sofort an ihren Tisch, setzte sich an ihren Platz und fing an, mit der Journalistin und den anderen zu plaudern. Sein Ziel war es, Olivias Freunde zu beschäftigen, damit Anthony sich möglichst ungestört mit ihr unterhalten konnte.

Als Olivia vom Klo kam, schlenderte Anthony auf sie zu, wobei er tat, als sähe er sie nicht, was ungefähr so war, als ginge man zum Strand und gäbe vor, das Meer nicht zu sehen.

»Hey!«, sagte Olivia. »Mir gefällt Ihr Shirt.«

Dass sie ihn ansprach, war für Anthony so krass, dass es vielleicht ohnehin gar nicht wirklich geschah – und deshalb nicht viel bedeutete. Doch sie meinte tatsächlich sein Shirt. Er sah ihr in die Augen.

»Oh, danke. Sind Sie ein Fan?«

»Ein *großer* Fan. Er ist mein Lieblingssänger.«

»Was sagt man dazu?«

Olivia verzog ihren geheimnisvollen Mund zu einem niedlichen, schüchternen Lächeln und wollte weitergehen.

»Moment mal – Sie kommen mir so bekannt vor.«

»Vielleicht haben Sie mich im Fernsehen gesehen. Ich bin Nachrichtensprecherin auf Channel Seven.«

»Ach ja, genau. Ohne das Pult hab ich Sie wohl nicht erkannt.« Olivia lächelte erneut. »Ich mag Ihre Sendung.«

»Danke. Danke fürs Zusehen.«

Immerhin schaute sie nicht weg, doch Anthony merkte, dass er Gefahr lief, sie zu verlieren. Carlisle hatte ihm immer und immer wieder eingeschärft, wenn es um Frauen gehe, sei das Glück auf Seiten der Mutigen. Anthony wusste, welche Seite des Skripts jetzt dran war.

»Verzeihen Sie, aber Sie sind ungewöhnlich zauberhaft, und ich würde Sie gern zu einem Drink einladen. Würden Sie mir das erlauben?«

Er hatte es geschafft. Kein einziger Stolperer. Er war erleichtert. Wenigstens würde er jetzt immer wissen, dass er es versucht hatte.

»Wow. Das war ein nettes Kompliment. Ich – Sie – Das ist wirklich lieb von Ihnen. Klar. Warum nicht? Klar dürfen Sie mich zu einem Drink einladen.«

Sie wollte ein Bier. Er holte sich noch einen Whisky, dann setzten sie sich an einen Tisch für zwei in einer hinteren Ecke. Er konnte nicht widerstehen, einen Trinkspruch auszubringen, doch da er immer nervöser wurde, je realer die Situation wurde, fiel ihm der Trinkspruch nicht mehr ein, auf den er und Carlisle verfallen waren, daher sagte er nur schwach: »Auf Patsy Cline.« Olivia lächelte und leckte sich die Lippen, als sie mit ihren Gläsern anstießen.

»Das haben Sie gesehen?«, fragte sie und wies auf die Bühne.

»Ja. Es war toll. Alle waren von Ihnen begeistert.«

»Die Leute waren nur nett.«

»Nein. Wir alle lieben Sie.«

Als er das gesagt hatte, verzog er das Gesicht, weil er wusste, dass das merkwürdig klang. Zum Glück schien es Olivia nicht zu bemerken. Wahrscheinlich tat sie es doch, dachte sich Anthony, doch die Wärme und Freundlichkeit, die sie auf dem Bildschirm ausstrahlte, waren im wirklichen Leben genauso vorhanden. Sie war eine wirklich nette Frau.

»Werden *Sie* auch noch singen?«, fragte sie.

»O mein Gott, bloß nicht.«

Sie lachte. Er wünschte, er könnte in ihrem Lachen wohnen. Da könnte sein persönlicher Himmel sein, im Lachen dieser Frau.

»Na los. Nicht mal ein bisschen James Taylor?«

Schuldgefühle setzten ihm zu. Doch wenn Carlisle nicht diese T-Shirt-Idee gekommen wäre, hätte das alles vielleicht nicht so gut funktioniert.

»Ganz ehrlich«, sagte Anthony, »mir fehlt der Mut, um da raufzugehen und zu singen. Nur zu reden reicht mir völlig.«

Wieder lachte Olivia. »Tja, ohne mir Mut anzutrinken,

könnte ich das auch nicht.« Sie nahm einen Schluck aus ihrer Bierflasche.

Anthony beobachtete unwillkürlich ihren Mund. »Trinken Sie während der Nachrichtensendung?«, fragte er lachend.

»Nein. Das wäre aber lustig. Würde wahrscheinlich den Einschaltquoten guttun.«

»Was Sie tun, könnte ich nie und nimmer.«

»Na klar doch. Solange Sie von einem Teleprompter ablesen können.«

»Selbst daran würde ich scheitern. Seit der Unterstufe habe ich eine Heidenangst davor, etwas laut vorzulesen.«

»Echt? Sie meinen speziell davor, etwas laut vorzulesen?«

»Genau. Wenn der Lehrer mich aufforderte, etwas vorzulesen, wurde meine Stimme ganz zittrig. Es war so schlimm, dass ich mich weigerte, in die Schule zu gehen.«

Olivia senkte den Kopf verschwörerisch Richtung Tischplatte. »Ich hatte genau … dieselbe … Phobie.«

»Echt jetzt?«

»Ja. Ich hab einfach dagesessen und mich geduckt, vor lauter Angst, dass mein Name aufgerufen würde.«

»Ich auch. Aber Sie haben das offenbar komplett überwunden.«

»Stimmt. Doch auch jetzt noch denke ich während der Nachrichtensendung manchmal: Wie schaffe ich das nur?«

»Am College hatte ich mal einen Psychologieprof, der sagte uns, wir würden zu dem, wovor wir uns fürchten. Das habe ich nie vergessen. Weil Sie Angst davor hatten, laut vorzulesen, sind Sie vielleicht in diesem Beruf gelandet.«

»Das ist eine echt coole Idee.«

Während Olivia noch einen Schluck Bier nahm, hielt sie Blickkontakt. Anthony konnte nicht glauben, was da gerade geschah. Olivia schien sich an dem Gespräch interessiert zu beteiligen. Sie lächelte ihn an, während sie das Etikett von der Bierflasche abpulte, was Anthony überforderte, weshalb er wegschauen musste. Bei einem Blick quer durch den Raum sah er, dass Carlisle die anderen erfolgreich ablenkte, ihnen aus irgendeinem Grund seinen Nabel zeigte.

Anthony wandte sich wieder Olivia zu und erwartete beinahe, an ihrer Stelle eine Autowerbung zu sehen.

Doch er saß tatsächlich da und unterhielt sich mit Olivia Abbott. Er stellte sich vor, wie der Himmel sich zur Erde senkte und sie umschloss, den Planeten dann langsam in seinen unendlichen Schoß zog.

Anthony begann, Olivia persönliche Fragen zu stellen, worauf er sämtliche Antworten bereits kannte (Mutter war Lehrköchin, Vater Generalunternehmer, sie hatte einen älteren Bruder und ging gern joggen). Schließlich fragte sie: »Und, was machen Sie so?«

»Ich bin Drehbuchautor.«

»Oh. Was schreiben Sie denn?«

»Dramen und Komödien.«

»Ich lese wahnsinnig gern.«

»Ich auch. Es war enorm schwierig, den Durchbruch als Autor zu schaffen, aber kürzlich hat ein Studio mein letztes Skript optioniert, es scheint also aufwärtszugehen.«

»Oh, wow. Das ist toll!«

»Danke«, sagte er und drehte eine Locke um seinen Finger. »Ich hab keine Ahnung, was die mit mir wollen.

Normalerweise arbeiten sie nur mit bekannten Autoren zusammen. Doch ich will mich nicht mit ihnen streiten.«

»Offenbar halten die wirklich etwas von dem, was Sie schreiben.«

»Na ja. Ich hatte einfach Glück.«

»Oh – das sollte ich mir anhören. Auf der Bühne ist gerade eine Freundin von mir.«

Sie hörten zu, wie ihre Freundin einen Song vortrug, den Anthony verabscheute, »Creep« von TLC. Als der Song zu Ende war, hatte Olivia ihr Bier mehr als zur Hälfte geleert.

»Und, was halten Sie von der Gegend?«, fragte Anthony.

»Die Menschen sind echt nett. Es ist ein wenig … klein, aber man hat mich gut aufgenommen. Und ich *mag* das hiesige Essen. Der beste Wels meines Lebens. Und die Grillrestaurants finde ich auch alle toll. Natürlich ist es eine regelrechte Folter, hier zu leben, weil ich mich beim Essen zurückhalten muss. Wie lange wohnen Sie schon hier?«

»Mein Leben lang. Ich arbeite immer noch dran, hier meinen Spaß zu haben.«

»Och, so schlimm ist es nicht.«

»Ich weiß. Ist es wirklich nicht. Nur, und besonders für junge Leute – ich will's mal so sagen … die Leute hier haben das dumpfe Gefühl, dass sich das Leben anderswo abspielt.«

Olivia nickte. Wie er es oft geprobt hatte, machte Anthony vor seinem nächsten Spruch eine Pause. »Aber dann sind da noch Sie. Sie erscheinen auf dem Bildschirm, lächeln uns an und zeigen uns die vielen Varianten, in denen das Leben *tatsächlich* direkt vor unseren Haustüren stattfindet. Ich bewundere wirklich, was Sie tun.«

»Vielen Dank. Das ist nett von Ihnen.«

»Hören Sie, Ihre Freunde sollen nicht glauben, ich hätte Sie entführt. Ich verstehe also, wenn Sie zu ihnen zurückgehen müssen, aber vorher muss ich Sie fragen: Möchten Sie irgendwann mal mit mir ausgehen?«

»Oh. Wow.«

Sein Puls wurde schneller. »Tut mir leid, wenn das zu direkt war. Ich hab nur Angst, Sie nie wiederzusehen.«

»Nein. Mich überrascht nur immer wieder, dass jemand mit mir ausgehen möchte.«

Anthony lachte. »Sie sind einfach hinreißend. Echt jetzt, sehen Sie sich doch mal an. Sehen Sie sich nur mal an.«

Sie errötete. Anthony wollte ihr Gesicht berühren. Oder auch nur mit der Spitze seines Zeigefingers ihren Arm berühren, um sich zu vergewissern, dass sie da war.

»Na schön. Klar. Wir können irgendwann mal ausgehen.«

Mondlicht drang durch die Risse in der Decke und ergoss sich in jedermanns Knochen, und die Bar wurde zu einem seligen Karneval der Heiligen, als Olivia Abbott Anthony Dent ihre Telefonnummer gab.

»Ach du dickes Ei, Dent. Das ist ihre richtige Nummer.«

»Ganz sicher?«

»Klar bin ich mir sicher. Ich kenn sie auswendig, weil ich diese Nummer anrufe und sofort abspritze, wenn sie sich meldet.«

Im Wagen berichtete Anthony Carlisle, wie gut alles gelaufen war, und dankte ihm, weil er so viele seiner Ratschläge befolgt hatte.

»Dank mir nicht. Ich hätte nie gedacht, dass irgendwas davon wirklich klappen würde.«

»Hat es aber. Tut mir leid, dass ich je an dir gezweifelt habe.«

»Dann zweifle jetzt nicht an mir. Du musst noch mal zurück.«

»Wieso?«

»Machst du Witze? Du hast gerade einen tollen Lauf. Wirf das nicht weg. Wir wissen nicht, ob sie wirklich mit dir ausgehen wird. Geh da rein, und überrede sie, mit zu dir zu kommen.«

»Ich weiß nicht recht.«

»Alter, sie steht auf dich. Das hab ich von der anderen Seite des Raums gesehen. Geh da wieder rein, und komm zum Abschluss.«

»Aber ich habe schon alles gesagt, was du vorgeschlagen hast.«

»Ich gebe dir genaue Anweisungen, was du noch sagen musst. Lass mir einen Moment Zeit.«

»Aber ich bin gerade so glücklich wie noch nie. Ich will mein Glück nicht herausfordern.«

Carlisle brachte ihn zum Schweigen und strich sich durch die langen, fettigen Haare, als versuche er, sich eine Idee aus dem Schädel ziehen.

»Ich hab's. Ich weiß, was du sagen wirst. Erinnerst du dich an meine Idee mit den guten Nachrichten und den schlechten Nachrichten?«

»Ja.«

»Erzähl ihr davon. Sag, es sei deine Idee. Sie wird das lustig finden. Wenn du sie zum Lachen gebracht hast, frag sie, was sie später vorhat. Komm schon, Kleiner. Ich hab dich so weit gebracht. Ich bring dich auch ins Gelobte Land. Du musst mir vertrauen. Du *musst* ihr die Sache mit den guten Nachrichten und den schlechten Nachrichten erzählen. Und dass es *deine* Idee ist. Das ist entscheidend.«

Widerwillig ging Anthony wieder in die Bar. Am Tresen setzte er sich auf den Hocker, der den Toiletten am nächsten war, und bestellte noch einen Drink. Obwohl er ernste Bedenken hatte, wartete er geduldig, nahm noch einen Drink, bis Olivia wieder in seiner Nähe war. Dann sagte er: »Hi.«

»Aber hallo!«

»Ich wollte Ihnen einen Vorschlag machen.«

»In Ordnung.«

»Ich finde, ihr solltet gute Neuigkeiten ausschließlich in den Fünf-Uhr-Nachrichten bringen, dann schlechte Neuigkeiten nur um sechs. Es aufteilen und den Zuschauern eine Alternative bieten.«

Sofort verschwand Olivias Lächeln. Sie schaute weg und trat einen Schritt zurück.

Irritiert fuhr Anthony fort: »Be-bestimmt kriegt ihr für die schlechten Nachrichten höhere Einschaltquoten.«

Als hätte sie sich ein Lächeln abringen müssen, sagte sie: »Danke für den Vorschlag. Verzeihung.«

»Olivia?«, sagte Anthony zu dem brünetten Hinterkopf. Er erhob sich vom Tresen. »Habe ich etwas Falsches gesagt?«

Sie blieb stehen und drehte sich um. »Schreib mir nie wieder.«

»Aber ich habe dir *noch nie* geschrieben.«

»Was du gerade gesagt hast, war aus einem deiner Briefe.«

»Das war nicht – es war von – o mein Gott.« Schlagartig fiel ihm noch einer von Carlisles Wrestling-Begriffen ein: der sogenannte *Heel Turn* – ein guter Kämpfer verwandelt sich in einen Bösewicht. Wie könnte er das erklären? Er versuchte es jedenfalls. »Ich hab mal einen Typ kennengelernt, der mir von der Sache mit den guten und den schlechten Nachrichten erzählte, und ich dachte nur, du fändest das lustig. Das ist alles.«

»Was du gesagt hast, stand praktisch wortwörtlich in dem Brief.«

»Das ist alles ein Missverständnis. Bitte –«

»Ohh … Ich *dachte* schon, das laufe ein wenig zu glatt. Deshalb wusstest du genau, was du sagen musstest, weil du der Stalker bist, der mich verfolgt.«

»Das ist nicht wahr.«

»Du weißt also nicht alles über mich?«

»Ich stelle dir nicht nach.«

»Du hast mir in den letzten drei Monaten nicht tagtäglich abartige Briefe geschickt?«

»Nein! Bitte glaub mir. Bitte.«

»Nein. Du glaubst jetzt *mir*. Wenn du je wieder Kontakt zu mir aufnimmst oder wenn ich dich je *wiedersehe*, werde ich die Polizei verständigen und ein Kontaktverbot gegen dich erwirken.«

»Ich glaub das nicht.«

Entgeistert sah Anthony zu, wie Olivia umgehend zu ihren Freunden zurückging und auf ihn zeigte. In der Absicht, mit beiden Fäusten auf Carlisles knochiges Rattengesicht einzuschlagen, stürmte er aus der Bar. Er stellte sich vor, ihn mit den Handkanten zu bearbeiten, so wie er auf

Hackfleisch einschlagen würde. Einerseits war er erleichtert, als er herausfand, dass Carlisle nirgends zu sehen war, da er nun die Gewalt, die er in sich spürte, nicht auf die Welt loslassen würde. Er war immer der Meinung gewesen, es sei unpassend, dass eine so schöne Frau wie Olivia solche vor Gewalt strotzenden Nachrichten vortrug. Diese Frau sprach nur vom Tod.

Jetzt stellte sich das Problem, wie er nach Hause kam. Anders als in größeren Städten gab es hier keine Kneipen in fußläufiger Entfernung von Wohngebieten. Hier war alles weit verstreut.

Seine Wohnung lag fünfzehn Kilometer entfernt, und er wusste, dass er zu viel getrunken hatte, um noch zu fahren, auch wenn er in Versuchung geriet. Zum Teufel mit denen, dachte er. Es wurde Zeit, sie alle von der Straße zu drängen.

Doch er konnte nicht. Er stieg auf den vermüllten Rücksitz seines Grand Am und legte sich in Embryonalstellung hin. Er machte es sich für die Nacht bequem, legte den Kopf so nach hinten, dass er durch die Heckscheibe den Nachthimmel sah. Er konzentrierte sich auf den hellsten Stern.

»Ich weiß, wir müssen dir alle wie ein Haufen Niemande vorkommen. Besonders in dieser Scheißstadt. Aber dieser Niemand spricht und will, dass du zuhörst. Ist es inzwischen so weit gekommen? Dass ich auf einem Parkplatz in einem beschissenen James-Taylor-T-Shirt schlafe? Ganz ehrlich, manchmal kommt es mir so vor, als *wolltest* du, dass ich ein schlechter Mensch werde. Aber das bin ich nicht. Ich bin's nicht! Hörst du mich?!« Er spürte, wie die Tränen zum Luftholen nach oben kommen wollten, unterdrückte sie aber wie üblich. »Du musst zugeben, manchmal kommst du als kaltherziger, alter Knacker rüber. Weißt du das? Du konntest dich einfach nicht für mich einsetzen. Nicht ein einziges Mal, stimmt's? Und ich versuche, so *gut* zu sein. Ich schwör's. Keine Ahnung, ob es an dir liegt oder an ihnen. Lenkst *du* meine Geschicke, oder tun das andere Menschen? Und selbst wenn es *Menschen* tun, packst du ihnen nicht die Ideen in den Kopf? O Herr, ich bin es so leid, Selbstgespräche zu führen. Ich bin es so leid, keine Antworten zu kriegen. Aber ich werde es weiter tun, hörst du mich? Mit dir und mit ihr und mit euch allen. Sie kann nicht verhindern, dass ich mit ihr rede, wenn sie auf dem Bildschirm erscheint. Und die Wahrheit ist, dass es mir so fast besser gefällt. Jawohl, Sir. Das ist so ziemlich die Wahrheit.«

Er verstummte, als er vor seinem Auto Frauengelächter hörte. Die Frauen klangen betrunken, albern und zauberhaft. Als sie sich einem langen Lachanfall hingaben, erlaubte Anthony es sich zu weinen. Er fing eine Träne mit der Fingerspitze auf und schmeckte sie. Sie schmeckte frisch und salzig, sogar süß. Er weinte noch mehr. Er überlegte, wie er wohl für seine toten Verwandten ausgesehen haben mochte, empfand aber nur Zärtlichkeit für sich selbst. Er weinte sogar noch mehr, was sich herrlich anfühlte. Er ließ die Tränen über seine Wangen rinnen, dann verschmierte er sie gleichmäßig über Gesicht und Stirn, als wären sie ein teurer Balsam, für den er gespart hatte, ein Geschenk für einen geliebten Menschen.

ALEXANDRA STAHL

John Belushi

– Kein Pitbull!

– Wieso.

– Weil das ein Kampfhund ist?

– Wenn er dich angreift, musst du nur in seine Nasenlöcher fassen und ihn hochheben.

– Fass mal einem Pitbull, der dich beißen will, in die Nasenlöcher!

– Und was ist mit dem Mischling da.

– Ich weiß nicht.

– Was weißt du nicht.

– Der ist so beige.

– Dann nimm doch noch die Regenbogenleine dazu, damit kannst du ihn ein bisschen aufpeppen?

So kam John Belushi in mein Leben. John Belushi war ein hoffnungslos optimistischer Hund. Er war ein Jahr alt und betrachtete die Welt als Wunder, das ihm jederzeit einen Knochen bescheren konnte. Er war so süß, dass er einer Karikatur glich. Manchmal überlegte ich, ob er seinen Kopf absichtlich schief hielt, um noch niedlicher zu wirken. Aber das ist unwahrscheinlich, denn John Belushi hatte keinen einzigen Gedanken in seinem Kopf. Der Kopf war auch sehr klein. John Belushi folgte lediglich Instinkten, die alle damit zu tun hatten, irgendwo reinzubeißen oder etwas runterzuschlucken. Am liebsten fraß er meine Texte oder die Schuhe der Kinder. Er fraß das wirklich, abgebissene Stücke fand ich nie. Verließ ich die Küche, lief er mir nach, bis er nicht mehr weiterkam. In den ersten und zweiten Stock durfte er nicht, deswegen stand vor der Treppe ein Gitter. Ging ich nach oben, blieb er davor stehen. Einmal kam ich nach zwei Stunden zurück, und er stand immer noch da. John Belushi benahm sich, als würde sein Leben ohne mich keinen Sinn machen. Vielleicht konnte ich mit so viel Liebe nicht umgehen?

Rada saß bei der Premiere in der ersten Reihe. Als ich der Intendantin Handcreme anbot, fragte sie: Bekomme ich auch?

Sie sagte es, als würden wir uns kennen.

Ich drückte einen weißen Klecks auf ihren Handrücken, sah sie aber nicht an. Ich konzentrierte mich auf die Bühne und versuchte, nicht an die Intendantin zu denken, die einmal laut lachte und ansonsten kein Geräusch machte. Nach der Vorstellung standen die Menschen zum Klatschen auf, nur Rada blieb sitzen wie ein Betriebsfehler. Wer bitte war diese Frau?

Ich verlor sie in der Menge.

Man drückte mir Sektgläser in die Hand, die ich auf Stehtischen abstellte, bevor ich daraus trinken konnte. Einmal mehr fiel mir auf, wie wenig Theaterleute wahrnahmen, was andere Menschen taten, einfach, weil sie damit beschäftigt waren, jemand zu sein oder gut auszusehen. Beides schaffte fast keiner. Vielleicht war das aber bei allen Leuten so.

Draußen beim Rauchen beschloss ich, nicht zurückzugehen. Meine Tasche hatte ich schon geholt, aber als ich gerade nach dem Autoschlüssel griff, stand Rada neben mir.

– Darf ich dich auf ein Getränk einladen?

– Auf meiner eigenen Party?

– Ja.

– Okay.

Sie lief los.

– Willst du nicht wissen, was ich will?

Sie blieb stehen und drehte sich zu mir um.

– Hier schmeckt doch alles gleich.

Ich wusste nicht, was aggressiver war, die dicke Kette um ihren Hals oder das strenge Band in ihrem Haar.

– Dann gehen wir woanders hin!

Der Satz fiel einfach aus meinem Mund. Weil Viktor dieses alberne Gewächshaus gekauft hatte?

– Gut, antwortete sie, ich komme gleich.

Rada ging noch einmal nach drinnen, ich widerstand dem Impuls wegzulaufen und schaute in den Abend, bis sie wieder neben mir stand. Wir brachen auf, ohne Worte, aber an ihrem Auto unterdrückte ich ein Lachen. Der Mini passte zu ihr.

John Belushi glaubte an das Gute. Egal, wen oder was er sah, er wollte Hallo sagen. Mensch, Hund, Fahrrad. Mülltonne.

Nicht alle Hunde sind so.

Das begriff ich jedes Mal, wenn ich ihn mit zu den Proben nahm. Wir fuhren mit dem Auto zu einer der Westberliner Ringbahnhaltestellen, wo die Leute mit Bierflaschen einstiegen, und von da mit der S-Bahn weiter in den Osten, wo die Menschen mit ihren Bierflaschen nur herumstanden, aber nirgends einstiegen. Weil der Berliner nicht nur billiges Bier, sondern auch Hunde liebt, trafen wir in der Bahn einige. Jedesmal war es ein Drama, weil keiner der anderen Hunde sich für John Belushi interessierte, und wenn doch, bellte er ihn an, so dass John Belushi erschrocken zurückwich.

Auf der Straße dasselbe.

Ohne Leine, maximal stumpf, maximal gelangweilt, liefen die Hauptstadthunde neben ihren Besitzern her, kein Blick nach links, kein Blick nach rechts. Selbstgefällige Selbstsicherheit auf vier Pfoten, immer geradeaus. Ich konnte ihre Gedanken lesen: Das ist mein Kiez, an jeden Baum hab ich hier gepisst, und da kommt ein Mischling aus Brandenburg, hat noch nie vor ein besetztes Haus gekackt, aber freut sich, dass er mich sieht? Opfer!

Rada parkte ihren Mini vor einem Lebensmitteldiscounter in Neukölln. Es war bald Mitternacht, es war schon Frühling.

Auf dem Landwehrkanal trieben schlafende Schwäne. Wir sahen ihnen eine Weile hinterher, dann flüsterte Rada: Komm!

Wir kletterten auf das Dach des Supermarkts.

Rada zog eine Flasche billigen Rotwein aus ihrem Rucksack, ich fragte: Okay, wer bist du?

Sie sagte ihren Namen, als würde der alles erklären.

Ich musste Viktor Bescheid geben.

Wir rauchten eine Schachtel Gauloises.

Ich sagte Viktor nicht Bescheid.

Rada und ich tranken so langsam, dass immer noch ein Schluck in der Flasche war, als die Sonne aufging.

Viktor war der Einzige, der John Belushi nicht mochte, aber das hatte mehr mit mir als mit dem Hund zu tun.

Viktor hatte ein drittes Kind gewollt, ich nicht.

Wir sprachen nicht darüber, aber er kaufte ein Rennrad, und kurz bevor ich Rada kennenlernte, stellte er das Gewächshaus in den Garten. Und ich?

Kam mit John Belushi nach Hause.

Alenka vergötterte ihn, Anton hielt sich zurück, was der Hund wiederum zu spüren schien. Er kam dem Kleinen nie zu nahe. Im Grunde war John Belushi ein feiner Kerl.

Rada wurde einen Monat lang mein Donnerstag. Nach den Proben wartete sie vor dem Theater, und wir liefen zwei Stunden durch Mitte, vorbei am Fernsehturm, der Spree, dem Dom, wir liefen von Hässlich nach Schön und zurück, dann nahm ich die Bahn nach Hause. Wir tranken bei diesen Spaziergängen eine Flasche Rotwein, nicht mehr, nur ein einziges Mal tranken wir zwei. Wir teilten uns jedes Mal eine Schachtel Gauloises.

Nach dem ersten Spaziergang standen wir noch einen Moment am Bahngleis, obwohl mein Zug schon wartete. Rada nahm meine Hände in ihre und sagte: Wenn wir uns wiedersehen, dann erzählen wir uns die Dinge, von denen wir jetzt noch gar nicht wissen, dass sie passieren werden.

Über Ostern fuhren wir zu Viktors Eltern, zwei tattrige Dänen, denen halb Flensburg gehörte. Wir saßen drei Stunden im Auto, Alenka und Anton auf der Rückbank, Viktor am Steuer, John Belushi auf meinem Schoß. Er hielt den Kopf aus dem Fenster, als hätte er all die Filme gesehen, in denen Hunde das taten. Andererseits waren Hunde vielleicht einfach so. Kennst du einen, kennst du alle?

Rada mochte Katzen, nahm Kokain und fuhr diesen grünen Mini, als würde sie von einem Pferderennen kommen. Sie hatte ihren wunderschönen Namen und stammte vom Schwarzen Meer.

Solche Figuren würde ich mir nie ausdenken.

Solche Leute kenne ich nicht.

Zu Ostern bei Viktors Eltern hatte ich zwei Erkenntnisse.

Dass Viktor immer noch ein schöner Mann war.

Dass das mit Rada wehtun würde.

Ich kann nur Figuren erfinden, an die ich glaube. Rada aber schrieb ihre Dissertation über das Puppentheater in Indonesien. Als ich sie fragte, ob das ein Witz sei, rief sie: Was denn, ich beschäftige mich mit dem außereuropäischen Drama, das sollten andere Leute auch!

John Belushi erregte immer Aufmerksamkeit, obwohl er beige war. Es ist sein sanftes Gemüt, dachte ich, es muss die bunte Leine sein, dachte ich.

Als Rada erzählte, dass sie Katzen mochte, konnte ich es nicht fassen. Diese Frau mochte Katzen wie alle anderen Menschen auch?

Ich mochte Hunde, was genau so gewöhnlich war, aber zu den Katzen gehörten die Katzenvideos. Und die Katzenvideos gefielen Rada. Die gefielen ihr wirklich.

Einmal betrachteten John Belushi zwei Schauspieler.

Sie: Welcher von den Belushi-Brüdern war nochmal in *Blues Brothers*?

Er: Beide.

Sie: Aber es sind doch drei. John, James und Jim.

Er: James und Jim sind aber derselbe.

Sie: Und welcher ist tot?

Viktor war damals mit einer E-Mail in mein Leben geplatzt. Er schrieb: *Darf ich dir ein Pinguin-Video schicken?*

An dem Abend, an dem Rada und ich zwei Flaschen Rotwein tranken, sagte ich: Ich wollte immer einen Hund, jetzt hab ich zwei Kinder und immer noch keinen Hund.

Viktor übersetzte mein erstes Stück auf Dänisch. Viktor verstand nicht, warum ich so pessimistisch war. Viktor erklärte, dass Pinguine einander ihr Leben lang treu blieben und lustig aussahen, wenn sie hinfielen.

Nach dem Abend mit den zwei Flaschen Rotwein gingen Rada und ich nicht spazieren. Stattdessen fuhr Rada mit mir zum Tierheim.

Ich antwortete Viktor, dass das mit den Pinguinen nicht ganz stimmte, dass sie sehr wohl fremdgingen, von Zeit zu Zeit, aber ihren Lebenspinguin eben nicht verließen.

John Belushi saß in einem der A-Käfige. A wie Anfänger. Das bedeutet, dass die Hunde in diesen Käfigen für Anfänger geeignet sind und sofort mitgenommen werden können. Bei einem Pitbull dagegen sind mehrere Besuche nötig.

Viktor antwortete nach zwei Wochen. In diesem Winter saß ich die meiste Zeit alleine in meiner Wohnung. Vor seiner E-Mail saß ich eine Stunde, eine E-Mail wie ein warmer Ofen.

Zwei Vorschläge: Schreib was über Pinguine. Trink einen Kaffee mit mir in Kopenhagen.

– Du kannst deinen Hund nicht Fiffi nennen, rief Rada, du bist Künstlerin, du musst deinen Hund John Belushi nennen!

John Belushis Fell war nirgends weicher als am Kopf.

Rada empfahl mir den Film *Porträt einer jungen Frau in Flammen.* Sie sagte nicht *Porträt einer jungen Frau in Flammen.* Sie sagte *Portrait de la jeune fille en feu.*

Ich ärgerte mich, dass ich immer noch nicht richtig Französisch konnte. Ich tröstete mich damit, dass ich meinen Kindern wenigstens russische Vornamen gegeben hatte.

An dem Wochenende bei Viktors Eltern wollte Anton wissen, wo der Osterhase wohnt, und Viktors Vater antwortete: In Hessen!

Portrait de la jeune fille en feu ist ein Film über zwei Frauen in Frankreich im 18. Jahrhundert. Die eine soll ein Porträtbild der anderen malen, bevor sie mit einem Mann aus Mailand verheiratet wird. Sie soll sie malen, ohne dass die andere es merkt. Die andere will nicht gemalt werden, weil sie nicht heiraten will. Die Frauen verlieben sich ineinander. Die Frauen haben von dem Moment an, in dem sie das spüren, fünf Tage. In diesen fünf Tagen fährt die Mutter der Frau, die verheiratet werden soll, weg, und die Frauen bleiben mit einem Dienstmädchen in einem Schloss am Meer zurück. In diesem Schloss am Meer sieht man keine Männer, die Männer sind draußen und rudern Boote oder tragen schwere Sachen, Porträtbilder zum Beispiel. Es gibt keine Musik in dem Film. Es gibt keine Musik in dem Film außer an zwei Stellen. Singende Frauen vor einem Lagerfeuer. Vivaldi in der Mailänder Scala.

Ich dachte, jetzt ist Viktors Vater endgültig verrückt geworden, aber später recherchierte ich das. Es gibt eine Legende, wonach der Osterhase in Hessen erfunden worden sein soll. Das Problem war nur, dass Anton nicht verstand, was Hessen war, und zu weinen anfing. Viktor tröstete ihn.

Wir standen an der Spree, als ich Rada erzählte, dass ich lange kein schöneres Lied gehört hatte als das, das die Frauen in dem Film am Lagerfeuer sangen.

Rada sagte: Ja, super Soundtrack, mein Mann hört das Lied rauf und runter!

Rada sagte: Was schaust du so. Du wolltest einen Hund und hast Kinder bekommen, ich wollte eine Frau und hab einen Mann geheiratet!

John Belushi liebte unser Festnetztelefon. Und Viktor liebte seine Pflanzen.

Ich wollte eine Frau und hab einen Mann geheiratet.

Rada wollte mich, so wie sie meine Handcreme gewollt hatte.

Nach dem Osterwochenende fuhr Viktor eine Woche fort. Er hinterließ mir einen Zettel, welche seiner Pflanzen wann und wie zu gießen sei.

Einmal wollte ich Rada anrufen, aber das Telefon stand nicht auf der Ladestation, und mein Handy wollte ich nicht nehmen.

Es ging um die Geste eines Festnetzanrufs.

Es ging auch darum zu hören, wie Radas Mann klang.

Es ging vielleicht um alles.

Aber das Telefon stand nicht auf der Ladestation.

Ich erschrak, weil ich es dort gesehen und seitdem nicht benutzt hatte. Und für Viktor waren Festnetztelefone der Beweis dafür, dass die Deutschen gegen die Moderne waren.

Ich nahm mein Handy und rief bei uns an. Ein schwaches Klingeln. Ich folgte ihm, bis ich vor der Haustür stand.

Ich öffnete die Haustür.

Das Klingeln war nun deutlich zu hören, und das Telefon war auch zu sehen. Es lag im Gras.

Als ich es aufhob, rieselte Sand aus der Sprechmuschel. Und als ich mich umdrehte und in John Belushis Knopfaugen sah, war ich so erleichtert, dass ich nicht einmal wütend sein konnte.

Ich rief an dem Tag nicht bei Rada an.

Wenn ich John Belushi zwischen den Ohren kraulte, schloss er die Augen wie eine Katze.

Radas Handy sah aus wie eine Fernbedienung. Wie die Telefone der Schauspieler, die neben ihren Smartphones solche alten Knochen hatten, falls sie mittwochs jemand anderen beeindrucken wollten als montags. Rada erklärte, sie meine es ernst mit ihrer Fernbedienung.

– Weil?, fragte ich.

– Weil, antwortete sie, was erzählt ihr euren Kindern eigentlich, wie ihr euer Leben verbringt?

– Viktor und ich?

– Viktor und du, alle.

– Was?

– Sagt ihr ihnen: Eigentlich starren wir jeden Tag fünf Stunden auf unser Display, um Dinge anzusehen, die nichts mit unserem Leben zu tun haben und die wir schon nach drei Sekunden wieder vergessen, weil wir sie Leuten weiterleiten, die wir vor lauter Trägheit schon gar nicht mehr treffen, geschweige denn anrufen. Ein Anruf ist wirklich das Übergriffigste der Welt, obwohl wir ständig ein Telefon in der Hand haben!

– Aber du findest Katzenvideos lustig.
– Zuhause bei YouTube. Auf dem Festrechner.
– Und einmal auf meinem Smartphone vorm Dom.
– Das war der Rotwein!

Alenka und Anton gefiel der Name »John Belushi« nicht. Sie nannten John Belushi »Karotte«, weil er manchmal Karotten fraß.

Und Viktors Vater war schwerhörig. Er sagte nicht Smartphone. Viktors Vater sagte: Marsphone.

Während der Ostertage bei Viktors Eltern rief ich Rada an. Vielleicht weil in Feiertagen immer eine Erwartung liegt. Die, jemanden zu vermissen. Die, von jemandem vermisst zu werden. Von jemandem, mit dem man die Feiertage lieber verbringen würde.

John Belushi klingt, als wäre er erfunden, aber im Flur neben Antons Gummistiefeln liegt immer noch seine Regenbogenleine.

Das Telefongespräch mit Rada war pointiert. Ein Dialog, den ich mir gerne selber ausgedacht hätte.

Sie: Ist was passiert?
Ich: Nein, ich wollte nur. Bist du im Stress?
Sie: Naja, die ganzen Osterfeiern.
Ich: Ihr feiert Ostern zusammen.
Sie: Naja, ’ne Lammkeule vielleicht.

Vermisste mich Viktor, obwohl ich neben ihm schlief? So wie ich Rada vermisste, obwohl sie neben mir lief?

Alenka isst kein Fleisch, Viktor auch nicht, Anton und ich schon.

Nach Ostern wartete Rada nicht mehr vor dem Theater, unser Monat war vorbei. Und Viktor fuhr eine Woche fort. Ein Monat kann schneller vergehen als eine Woche.

In den Pausen hörte ich den Schauspielern zu.

– Das Produkt ist safe.

– Du weißt jetzt, was das getriggert hat.

– Warum trägt die immer noch weiße Reeboks?

– Mir war so langweilig, dass ich eine Panikattacke bekommen habe.

– Im Sitzen stirbt der Abend.

– Netflix ist okay, aber ich bin Second Screen.

Ich fragte die eine Schauspielerin, was sie mit Second Screen meinte, und sie sah mich ungeduldig an: Wenn ich was auf dem Laptop gucke, poste ich mit dem Handy, wie ich es finde?!

Ich fand mich alt.

Ich hatte keine Lust, mit John Belushi spazieren zu gehen. Ich sagte Alenka, sie solle mit John Belushi spazieren gehen. Ich rief Viktor nicht an. Ich sagte Alenka, sie solle Viktor anrufen. Ich rief Rada an.

In meinem Notizbuch:

Jeder hat zwei Bildschirme, aber keiner hat zwei Gehirne.

Damals im Winter, bevor Viktors E-Mail kam, lag ich nachts oft wach und fragte mich, ob das alles war, die Stücke, die Bühne, ob ich nicht mehr kriegen würde als das, weil es schon alles war. Für mich alles.

Es war das letzte Gespräch. Es war das zweite am Telefon.

Ich: Du bist so weit weg.

Sie: Ich bin doch da.

Ich: Das mein ich nicht.

In meinem Notizbuch:

Warum sehen die Frauen alle gleich aus? Sehe ich auch so aus? Hassen sich alle selbst? Oder über was auf dem Land schreiben? Schmeckt das Sperma von Imkern nach Honig?

Als ich Viktor damals in Kopenhagen besuchte, wusste ich nichts über ihn, außer dass er Übersetzer war. Ich googelte ihn nicht, damals googelte nicht jeder gleich jeden.

Einmal kam Alenka in mein Arbeitszimmer und fragte, Mama, was machst du?, und ich wollte sterben.

Nicht weil sie mich erwischt hatte.

Aber weil Rada fort war und nichts half.

Ich wusste nicht, dass Viktors Bart in der Sonne einen Rotstich hatte. Ich wusste nicht, dass er Zitronenkuchen mochte. Ich wusste nicht, dass er früher aufstehen würde, um Alenka Zöpfe zu flechten. Dass er Zöpfe besser flechten konnte als ich. Dass er mich festhalten würde, wenn ich nach dem Trinken in der Dusche weinte.

Dass er mir vertrauen würde.

In meinem Notizbuch:

– Kein Pitbull!

– Wieso.

– Weil das ein Kampfhund ist?

– Wenn er dich angreift, musst du nur in seine Nasenlöcher fassen und ihn hochheben.

– Fass mal einem Pitbull, der dich beißen will, in die Nasenlöcher!

– Und was ist mit dem Mischling da.

– Ich weiß nicht.

– Was weißt du nicht.

– Der ist so beige.

– Dann nimm doch noch die Regenbogenleine dazu, damit kannst du ihn ein bisschen aufpeppen?

Bei Rada hatte ich nie Angst, zu viel zu trinken, weil ich kein Wort verpassen, mich an jedes Gespräch später erinnern wollte.

Und an Viktors Gewächshaus dachte ich erst wieder, als ich auch wieder an Viktor dachte. Als er zurückkam, war das.

In meinem Notizbuch:

Warum fragt man eine fremde Frau nach ihrer Handcreme, nach ihrem Abend, nach ihrem Leben?

Ich hatte keine Zeit mehr für John Belushi.

Ich wollte ein neues Stück schreiben.

Ich hatte keine Lust mehr auf John Belushi.

Alenka und Anton waren bei meinen Eltern.

John Belushi schien zu zögern, weil ich ihn nicht an die Leine band. Heute denke ich, dass ich mir das einbildete, John Belushi war ein Hund, ein Hund mit keinem einzigen Gedanken im Kopf. Der Kopf war auch sehr klein.

Ein Stück für Rada.

Warum landet ein Hund wie John Belushi im Tierheim?

Rada und ich haben nicht gefragt.

Klar war nur, dass man einen Hund wie John Belushi nicht ins Tierheim zurückbringen konnte.

Wieso vermisste ich Rada, obwohl sie neben mir lief?

Ich achtete darauf, dass Familien in der Nähe waren.

Vermisste mich Viktor, obwohl ich neben ihm schlief?

Ich würde kein Stück für Rada schreiben. Ich würde ein Stück gegen Rada schreiben.

Kinder, die John Belushi entdecken würden. Eltern, die nicht Nein sagen könnten.

Zuhause stand ich in der Küche und weinte. Im Garten lief Viktor mit hängenden Schultern herum. Ich weinte noch mehr.

Ich drehte mich nicht um. Ich hätte John Belushis Augen nicht ertragen. Die weichen Ohren.

Aber Viktor drehte sich im Garten um. Topf zwischen den Händen, Schweiß auf der Stirn. Er sah die vertrockneten Blätter an, mich, die Blätter. Mich. Er stellte den Topf ab.

– Diese Pflanze hat zwei Geheimnisse, weißt du.

INGRID NOLL

Liebe Mutter

Nein, eine Glucke warst Du nie! Im Gegensatz zu Dir bin ich meinen Kindern mit mütterlicher Fürsorge wohl oft auf den Wecker gefallen. Da warst Du doch aus anderem Holz geschnitzt! Wenn ich im Winter keine Kniestrümpfe, sondern bloß Söckchen anzog, hast Du bloß trocken bemerkt: »Wenn du frieren willst, dann frier!«

Als Schülerin übernachtete ich gelegentlich bei einer Freundin, dort setzte sich ihre Mutter an unsere Betten, küsste die eigene Tochter, strich mir übers Haar, blieb noch eine Weile im Kinderzimmer und wünschte schließlich freundlich eine gute Nacht. Als Teenager war meine Freundin total genervt von dieser ewig gleichen Zeremonie; mein Elternhaus galt vergleichsweise als liberal und tolerant. Wir beneideten uns gegenseitig, denn bei uns wurde spätestens um dreiundzwanzig Uhr die Tür aufgerissen und »Licht aus!« gebrüllt. Für einen Gutenachtkuss war unser Papa zuständig.

Bloß nicht verwöhnen, das war Deine Devise. Trotzdem hast Du mir nie das Gefühl vermittelt, nicht geliebt zu werden. Ich wusste genau, dass Du Dein letztes Hemd für uns hergeben würdest – wenn es denn nötig wäre. Aber wenn es Dir unnötig erschien, dann gab es kein Pardon. Mit zwölf Jahren entdeckte ich im Schaufenster einen Schottenrock, den ich unbedingt und auf der Stelle haben wollte. »Viel zu teuer!«, hast Du entschieden. Beim Abendessen beklagte ich mich tränenreich über diesen schmerzlichen Verzicht. Unser Papa meinte amüsiert: »Dann kauf dem Kind doch seinen Rock!« Ich schöpfte Hoffnung, aber vergebens. Mit Sicherheit hattest Du recht, denn in puncto Preisen war ich noch völlig naiv. Ein paar Jahre später wiederholte sich das Drama. Zum Abschlussball der Tanzstunde bekamen meine Freundinnen violette, tomatenrote und himmelblaue Taftkleider mit üppigen Rüschen, und ich wollte natürlich auch eine Prinzessin sein. »So ein Unsinn!«, sagtest Du. »Für ein einziges Mal so viel Aufwand und Kitsch! Wir werden etwas Besseres finden.«

In Deinem Fundus lagerte noch der lange, blassrosa Seidenunterrock eines Abendkleides, dazu passte ein weißes Spitzenblüschen mit schwarzer Samtschleife. Im Nachhinein muss ich zugeben, dass mein Outfit geradezu edel aussah, doch ich war damals böse mit Dir und haderte mit meinem Schicksal. Noch dazu, als mich ein Jüngling zu seiner Tanzpartnerin auserwählte, den ich nicht leiden konnte. Doch ich wagte nicht, ihm einen Korb zu geben, und gab Dir die Schuld an meinem Unglück. Als Nebeneffekt begriff ich aber, dass man durch ein dramatisches Lamento nicht alles erreichen kann.

Ich war noch keine zehn, als ich mich vor dem Spiegel betrachtete und nicht genau wusste, was ich von meinem Abbild halten sollte. »Bin ich schön oder hässlich?«, fragte ich.

Du hast keine Sekunde gezögert: »Eher hässlich!« Erst viele Jahren später habe ich mit Dir über diese kränkende

Beurteilung gesprochen. Da hast Du glaubhaft versichert, dass Du alle Deine vier Kinder für überaus schön, klug und begabt gehalten hast, aber auf keinen Fall wolltest, dass wir eingebildet, kokett und überheblich würden. Wenn es etwas gab, was Du nicht ausstehen konntest, dann waren es Angeberei und Selbstgerechtigkeit. Als Jugendliche fehlte mir manchmal Deine Anerkennung, denn Loben war Deine Sache nicht. Als Du vier Jahrzehnte später meinen ersten Roman gelesen hattest, hast Du immerhin *»Niedlich!«* gesagt. Inzwischen war ich aber erwachsen genug, um es mit einem belustigten Lächeln zu quittieren.

Erst als unser Vater viel zu früh starb, begriff ich, welche Energie in Dir steckte. Du hattest immer in seinem Schatten gestanden, denn er war großzügig, ja verschwenderisch, extrovertiert, konnte mitreißend erzählen und stand überall im Mittelpunkt.

Plötzlich warst Du eine fast mittellose Witwe mit einem Sohn und drei Töchtern, die alle noch lange nicht mit der Ausbildung fertig waren. Mitte fünfzig, ohne Rente und ohne erlernten Beruf, 1901 geboren und zeitgemäß als *höhere Tochter* aufgewachsen, die malen und Klavier spielen konnte. Doch Jammern war Dir absolut fremd. »Ich muss jetzt Geld verdienen«, hast Du beschlossen und es auch getan, bis Du siebzig warst. Voller Stolz über das monatliche Gehalt bist Du geradezu freudig ins Büro gegangen, hast mit viel jüngeren Kollegen einmal im Monat gekegelt und warst froh, nicht mehr fürs Kochen zuständig zu sein.

Nach vielen arbeitsreichen Jahren hast Du zu unserem großen Erstaunen verraten, dass Du am liebsten Brokerin geworden wärest. Denn irgendwann hast Du eine geheime

Leidenschaft entdeckt: die Börse. Das Erbe meines Vaters bestand immerhin aus einigen Aktien, deren steigende Werte Du mit Faszination beobachtet hast. Für Deine Geschäfte hatte ich mich nie interessiert, Zahlen waren meine Feinde, in Mathe war ich zu Deinem Leidwesen eine absolute Niete. Wir Geschwister haben über Deine neue Passion ein wenig gelächelt oder sogar gespottet. Als Du im Alter von neunzig Jahren bei uns eingezogen bist, meinte ich: »Wie schön, dass du dieses Hobby hast!« – Mit gekränkter Miene hast Du gekontert: »Hobby? Das ist ein Beruf!«

Nie hast Du verraten oder gar damit angegeben, wenn Du einen Gewinn gemacht hast, stundenlang hast Du Börsennachrichten notiert und oft Deine Bankberater angerufen; in der hiesigen Filiale warst Du bekannt wie ein bunter Hund. Erst nach Deinem Tod kam die große Überraschung ans Tageslicht: Mutter, Du warst eine begnadete Zockerin!

Bis Du selbst achtzig wurdest, hast Du Deine Mutter gepflegt, die erst mit hundertfünf Jahren starb. Die nächsten zehn Jahre hast Du dann zum ersten Mal ganz allein gewohnt, Deine Memoiren zu Papier gebracht und die neue Freiheit sichtlich genossen. Aber Du warst klug genug, zu uns zu ziehen, als Du noch topfit warst. Damals hast Du als Erstes gefragt, wie Du Dich nützlich machen könntest, um Dich mit großem Eifer in die Gartenarbeit zu stürzen. Mein Mann und Du, Ihr habt Euch zum Glück immer ausgezeichnet verstanden. Und das lag wohl daran, dass Du zwar bei uns gewohnt und mit uns gegessen hast, uns aber nie allzu dicht auf die Pelle gerückt bist. Deine damenhaftspröde Zurückhaltung, die wir als Kinder nicht verstanden, erwies sich jetzt als Vorteil. Du hattest ein autarkes Programm, das aus dem Kampf gegen Unkraut, den Börsennachrichten und ausgewählten Fernsehsendungen bestand. Du hast Dich für Politik und Wirtschaft interessiert, für die Zukunft Deiner Kinder, Enkel und Urenkel. Und als Du schließlich mit hundertzwei Jahren nach einem Sturz ins Krankenhaus musstest, hast Du vor der unumgänglichen OP nicht mit der Wimper gezuckt. Deine Enkel nannten Dich liebevoll den standhaften Zinnsoldaten; sie grinsten darüber, dass ihre Großmutter am liebsten einen Western sah und Liebesschnulzen im Fernsehen verachtete. In den letzten vier Jahren Deines Lebens warst Du gehbehindert und auf Pflege angewiesen. Doch als wahrer Zinnsoldat hast Du klaglos die Einschränkungen des Greisenalters ertragen, alle Unterlagen für den Sterbefall bereitgelegt und die Namen der Urenkel auswendig gelernt. Bis zu Deinem Tod hast Du Kreuzworträtsel irgendwie, aber stets vollständig ausgefüllt, um bloß keine halben Sachen zu machen.

An Deinem hundertsten Geburtstag haben wir ein schönes Fest gefeiert. Zum ersten und letzten Mal in Deinem Leben hast Du mit leiser Stimme eine Rede gehalten, aber man hätte eine Stecknadel fallen hören. Wir hatten alle Tränen in den Augen, denn die Bilanz über Dein langes Leben fiel überaus positiv aus. Du konntest den geliebten Mann heiraten, Du warst stolz auf Kinder und Kindeskinder, Du warst rundum zufrieden und trotz mancher Schicksalsschläge ohne Bitterkeit.

Als junge Frau bist Du mit unserem Vater nach China ausgewandert. Dort wünscht man sich ein langes Leben, möglichst viel Geld und am Ende einen sanften Tod. Mit hundertsechs Jahren hattest Du das alles erreicht.

Ich bin Dir dankbar, dass Du mich im hohen Alter noch mehrfach gelobt hast und ich wiederum für Dein Wohlbefinden sorgen konnte.

In Liebe Deine Tochter

ALI SMITH

Freie Liebe

Mein erstes Mal war mit einer Prostituierten in Amsterdam. Ich war achtzehn, und sie hieß Suzi, und viel älter als ich dürfte sie nicht gewesen sein. Ich war schlecht gelaunt mit dem Fahrrad in der Stadt herumgefahren und eher zufällig ins Rotlichtviertel geraten; es war das angenehmste Rotlichtviertel, in das ich mich je verirrt habe. Die Frauen sitzen hier auf Stühlen in mit Fellen und Stoffen dekorierten Fenstern, die Brüste nackt, manchmal auch mehr, dünne Morgenmäntel und Federboas um die Schultern gebreitet. Es dauerte, bis ich kapierte, dass sie mich nicht deshalb so mürrisch und finster anblickten, weil ich glotzte, sondern weil ich keine Kundschaft war.

Es war Abend, und ich war allein mit dem Fahrrad losgezogen. In einer schmalen Gasse war ich stehen geblieben, um mir meinen Pullover überzuziehen, und dabei war mein Rad umgekippt und die Kette herausgesprungen. Ich lehnte es an eine Hausmauer, damit ich besser an die Kette herankam, und da fielen mir die Karten auf, die an der Tür steckten. Es waren mehrere auf Englisch darunter, auf einer hieß es: Du brauchst Entspannung? Hier findest du sie. Ohne Zeitdruck. Läute bei Becky. Auf einer anderen stand: Unschlagbaren Service bietet Dieter. 2. Stock. Auf wieder einer anderen stand etwas über Uniformen und über

Dominanz, daneben ein gezeichnetes Schulmädchen. Ich kicherte noch in mich hinein über die Schildchen, als ich ganz unten eines sah in winziger Schrift und verschiedenen Sprachen, Niederländisch, Französisch, Deutsch, Englisch und irgendwas Östliches; die englische Zeile verhieß Liebe für Männer und Frauen, Suzi, 3. Stock. Das und war unterstrichen.

Da ließ ich mein Rad an der Hauswand stehen und ertappte mich dabei, dass ich die Treppe hinaufstieg; an einer Tür im dritten Stock steckte dieselbe Karte, und an die klopfte meine Hand an. Für den Fall, dass ich wieder weg wollte, hatte ich eine Ausrede parat, wollte sagen, ich hätte mich verlaufen und ob sie mir den Weg zur Jugendherberge beschreiben könne. Doch sie machte die Tür auf und war so nett, dass ich sie sofort sympathisch fand und kein bisschen Angst hatte.

Die Wohnung bestand aus einem Zimmer mit angrenzendem Bad, ein paar Stühlen, dem Bett und einer Küchenecke, die mit einem Vorhang aus roten Kugelschnüren abgeteilt war wie auf Fotos aus den Sechzigern. An der Wand hing ein Poster des Leadsängers von a-ha, die in Europa gerade schwer angesagt waren, und sie sagte, er gefalle ihr, weil er ein Mann sei, aber aussehe wie eine Frau. Ich weiß noch, dass ich das sehr aufregend fand, etwas Derartiges so frei heraus gesagt zu hören war für mich völlig neu. Ich komme aus einer Kleinstadt; eines Abends waren meine Freundin Jackie und ich in einem Pub, und auf der anderen Seite saßen auch zwei Mädchen an einem Tisch; sie sahen ganz normal aus, eigentlich noch normaler als wir, hatten lange Haare und waren stark geschminkt, und als ich hinlinste, weil ich wissen wollte, was für Schuhe sie trugen, entdeckte ich, dass die eine ihren Fuß aus den hochhackigen Schuhen gezogen hatte und der anderen damit unter dem Tisch übers Schienbein strich. Das war sehr mutig, wenn ich jetzt daran zurückdenke; die beiden wären wahrscheinlich zusammengeschlagen worden, hätte jemand das mitgekriegt. Damals machte ich nur Jackie darauf aufmerksam, und sie sagte etwas in der Richtung, wie ekelhaft das sei, ich stimmte ihr wohl sogar zu, ich wollte nie anderer Meinung sein als sie.

Die Prostituierte sprach Englisch mit amerikanischem Akzent. Sie habe eine Stunde, sagte sie, ob mir das genüge, und obwohl ich keinen Schimmer hatte, sagte ich, ja, glaub schon. Ich zeigte ihr meine Hände, die von dem Rad ganz ölig waren, und sagte, ich sollte sie mir vielleicht waschen, und sie drückte mich auf einen der alten Sessel, kam mit einem Lappen und einer Waschschüssel wieder und wusch und trocknete sie mir. Dann machte sie Folgendes: Sie legte meine Hand auf ihren Mund und fuhr mit der Zunge zwischen meine Finger, dort, wo meine Finger aus der Hand kommen, schob sie vor und zurück und machte das bei allen so. Schon davon flog mir fast der Kopf weg.

Sie gab mir eine Tasse sehr starken Kaffee und ein Glas Rotwein, sagte, ich solle mir selber aus der Flasche nachschenken, die sie auf dem kleinen Beistelltisch neben dem Sessel stehen ließ, legte dann die Arme um meinen Hals und küsste mich, öffnete meine Kleider und zog mir die Jeans aus, und ich saß da und staunte. Sie nahm meine Hand und führte mich zum Bett, schlug nicht einmal die Decke zurück, es war August und warm, und hinterher zeigte sie mir, was ich umgekehrt bei ihr machen sollte, obwohl ich mir das schon vorstellen konnte. Schließlich sah sie erst auf die Uhr und dann mich an, lächelte und zuckte die Achseln. Wir zogen uns wieder an, ich holte meine Brieftasche heraus und blätterte die Gulden durch, doch sie legte die Hand auf meine und klappte die Brieftasche zu. Es ist umsonst, sagte sie, das erste Mal sollte immer frei sein, und als sie mich zur Tür brachte, fragte sie, ob ich lange in Amsterdam sei und ob ich noch einmal wiederkäme. Das würde ich sehr gern, sagte ich und stieg so benommen die Treppe hinunter, dass ich, als ich unten ankam, auf mein Rad stieg und losfahren wollte, keine Sekunde lang an die abgesprungene Kette dachte und mir fast das Kinn am Lenker aufgeschlagen hätte. Ich schob das Rad also zur Jugendherberge zurück, vorbei an den mit Laub gesprenkelten Kanälen, in denen die Spiegelbilder der hohen Gebäude schwappten, und fand, dass das Leben voller Wunder war, voller Möglichkeiten. Ich blieb stehen, lehnte mich aufs Geländer und sah mir an, wie die Abendsonne aufs Wasser traf, wie beide sich schimmernd trennten und wieder zusammenflossen, mit ein und derselben Bewegung, in ein und demselben Moment.

In der Jugendherberge machte mir Jackie die Kette wieder drauf. Wir waren seit der Schule befreundet, sie war eine Klasse über mir gewesen, und auch wenn wir nun studierten, waren wir Freundinnen geblieben. Wir hatten uns das Sommergeld für diese Reise zusammengespart. Ich hatte seit Ende Juni in dem Souvenirladen auf dem Campingplatz bedient, und sie hatte in der Touristeninformation am Schalter für die Bed-and-Breakfast-Buchungen gestanden;

viel hatten wir zwar nicht verdient, aber es reichte für die Hin- und Rückfahrt mit dem Nachtbus nach Amsterdam.

Damals war Jackie blond und jungenhaft und golden. Eines Tages war sie mir aufgefallen, als sie auf der Mauer am Haupteingang der Schule saß, und ich dachte, sie sieht aus wie in gelbes Licht getaucht, so als hätte ein feines, sanftes Feuer sie rundherum angesengt. Bei einer Party, wir saßen in einer dunklen Ecke, hatte Jackie mich angestupst und nur mit ihrem Blick auf einen hübschen, verwegen aussehenden Jungen aufmerksam gemacht, der auf einer Couch gegenüber lümmelte und uns beobachtete, und mir ins Ohr geflüstert: Siehst du den? Heute Abend brauche ich bloß zu lächeln, weißt du, mehr ist nicht nötig.

Das hatte mich sehr beeindruckt, und später hielt ich ihr den Kopf, als sie sich, weil sie Bier und Wein durcheinandergetrunken hatte, auf der Toilette im Obergeschoss übergeben musste; anschließend saßen wir auf der Treppe und lachten über das Mädchen, deren Party es war und die das Erbrochene der anderen mit einem dieser kleinen Autostaubsauger aufsaugte; von da ab waren wir Freundinnen. Keine Ahnung, warum sie mich mochte, ich glaube, weil ich ruhig und dunkelhaarig war und von allen für klug gehalten wurde. Ich fand Jackie sehr schön, für mich sah sie aus wie Jodie Foster, in die ich damals verknallt war, nur noch besser. Das hatte ich schon gedacht, als wir noch zusammen zur Schule gingen, und dachte es auch zu der Zeit, obwohl Jodie Fosters Filmkarriere gerade an einem Tiefpunkt angelangt war.

Solche Gedanken hatte ich seit Jahren, und es wurde immer schwieriger, sie für mich zu behalten. Im Grunde hatte ich keine Wahl. Als wir in Amsterdam angekommen waren und Jackie sah, dass dort Leute dicke Brocken Hasch auf der Straße verkauften, war sie moralisch empört, so war sie eben. Aber der Nachtbus hatte mir einen tollen Vorwand dafür geliefert, den Kopf an ihre Schulter zu lehnen, die Nase in ihr blondes Haar zu drücken und mich schlafend zu stellen, weswegen ich an unserem ersten Tag in Amsterdam sehr müde war und wie in Trance herumlief. Das ist es mir wert, sagte ich mir.

Jackie hatte gleich mit einem Jungen aus Edinburgh angebandelt, den wir in der Küche der Jugendherberge kennengelernt hatten; Alan und sie waren schon dicke Freunde, und er hatte sie für diesen Abend zu einem Turnier eingeladen, bei dem er als Schwertkämpfer mitmachte; deswegen war ich mit lausiger Laune in die Stadt geradelt. Nach meiner Rückkehr in die Jugendherberge hatte ich blendende Laune, aber nun war Jackie, die doch nicht zum Schwertkampf gegangen war, eingeschnappt, weil ich aus irgendeinem Grund glücklich war und ihr nicht sagen wollte, wo ich gewesen war.

Von Stund an konnte nichts mir meine Ferien verderben, es machte mir nichts mehr aus. Und von Stund an war Jackie ungewöhnlich nett zu mir; das war verwirrend, denn wir waren zwar beste Freundinnen, gifteten uns aber die meiste Zeit ziemlich an. Am nächsten Tag lieh sie sich auch ein Fahrrad, und wir fuhren an den Kanälen und den dicht an dicht parkenden Autos entlang, tranken Bier und aßen Eis unter Café-Sonnenschirmen, besuchten das Van-Gogh-Museum und das Rembrandthaus und das Rijksmuseum voller altniederländischer Bilder, wir gingen in einen Laden, in dem man dabei zusehen konnte, wie sie Schuhe machten. Am nächsten Tag fuhren wir mit den Rädern zu einer modernen Kunstgalerie; dort hatten sie im Untergeschoss eine Raumskulptur, bei der Leute, die als Gesichter Uhren hatten, an einer Bar saßen. Wir schlenderten eine Weile durch die Galerie, und oben verlor ich Jackie aus den Augen und schlummerte auf einer Holzbank ein. Als ich aufwachte, saß sie dicht neben mir, den Arm auf meiner Schulter. Ich richtete mich auf, und sie rückte nicht weg; wir saßen da und schauten auf das Bild, vor dem ich eingenickt war, ein riesiges Rechteck aus roter Farbe mit einem dünnen Streifen Blau auf der linken Seite. Jackie drückte ihr Bein fest an meines. Gefällt dir das?, fragte sie, den Blick zum Bild, und ich sagte ja, und sie schlug vor, dass wir jetzt gemeinsam die Heineken-Brauerei besichtigen sollten.

In der Heineken-Brauerei bekommt man bei einem Rundgang gezeigt, wo und wie das Bier gebraut wird, die verschiedenen Stadien des Brauvorgangs, die Abfüllung des fertigen Biers in Flaschen, das Aufkleben der Etiketten und die Auslieferung an die Kunden. Bei jeder Station bekommt man ein großzügiges Glas Bier, und die Teilnehmer des Rundgangs rufen Cheers oder Prost und trinken es aus. Dann geht es in den Verwaltungstrakt, wo es noch mehr Bier gibt. Nach dem Rundgang durch die Brauerei waren wir so betrunken, dass wir keinen Meter mehr hätten fahren können und unsere Räder in einem Park an einen Baum lehnen und uns auf dem Rücken ins Gras legen mussten, wo wir grundlos kicherten und in den Himmel schauten. Nicht dass wir noch nie zuvor beide betrunken gewesen wären, aber dieses Mal war es irgendwie anders, und wir saßen am späten Nachmittag im Gras, und ich erzählte Jackie alles, was ich seit Jahren fühlte, und sie sah mich getroffen an, als ob ich sie geschlagen hätte, und sagte, genau dasselbe habe sie auch gefühlt. Dann legte sie die Arme um mich und küsste mich auf den Mund, den Hals und die Schultern, wir küssten uns, mitten in Amsterdam, und niemand nahm Notiz davon. Auch als die Nachwirkung des Heineken vorbei war, blieb die des Nachmittags erhalten, bis zum Ende des Urlaubs, und ich ging, bei ihr untergehakt, durch die Straßen, Jackie streckte nachts in der Jugendherberge im Stockbett unter mir den Arm aus und drückte die Hand an meinen Rücken, wir hielten in einem Raum voller Schlafender im Dunkeln Händchen. Sehr romantisch. Amsterdam war sehr romantisch. Wir fotografierten uns gegenseitig auf dem Fischmarkt, irgendwo habe ich das Foto noch. Wir gingen Bootfahren auf einem See und knipsten uns gegenseitig beim Rudern.

Am Tag vor unserer geplanten Abfahrt fuhr ich unter dem Vorwand, ein Geschenk besorgen zu müssen, aber allein, mit dem Rad noch einmal in das Rotlichtviertel und ließ mein Rad wieder unten an der Haustür stehen. Diesmal musste ich eine halbe Stunde warten. Suzi erinnerte sich an mich, das weiß ich genau, denn hinterher setzte sie sich auf, lächelte, verwuschelte mir die Haare und sagte, es ist schade, Liebling, aber das zweite Mal musst du bezahlen. Es war gut, aber nicht so gut wie beim ersten Mal, und es kostete mich ein Vermögen. Und außerdem musste ich ja ein Geschenk für Jackie besorgen; ich weiß noch, es war teuer, erinnere mich aber nicht mehr, was ich ihr schließlich gekauft habe. Ich glaube, einen Ring.

Als wir wieder zu Hause waren, konnten wir natürlich nicht mehr Arm in Arm durch die Straßen gehen, aber ein wenig Zeit schnappten wir uns doch, trafen uns nach der Arbeit hinter den Häusern ahnungsloser Leute, in Gassen und Durchgängen zwischen Garagen, auf der Ladefläche des Vans ihres Vaters, der im Dunkeln am Fluss abgestellt war. Sonst ging es nur bei ihr oder mir zu Hause im Wohnzimmer, wenn die anderen schon im Bett waren, auf dem Fußboden oder auf der Couch, und immer musste eine der anderen den Mund zuhalten, wenn uns beiden der Atem stockte.

Richtig liebten wir uns das erste Mal in der Damentoilette auf dem Busbahnhof, als wir von Amsterdam zurückkamen; die Hände unter den Kleidern, gegen die Wand und die abgesperrte Tür gelehnt, in den Minuten, bevor ihr Vater eintraf und uns und unsere Rucksäcke nach Hause fuhr. Es war eines der aufregendsten Dinge, die ich in meinem ganzen Leben getan habe, auch wenn Jackie es immer als unser schäbiges erstes Mal bezeichnete. Ungefähr einen Monat später ging ich an der Touristeninformation vorbei und sah durchs Schaufenster Jackie, die im Hinterzimmer mit dem Jungen knutschte, der auf den Touristenbooten im Kaledonischen Kanal arbeitete. Das fand ich wesentlich schäbiger, wie ich mich erinnere. Andererseits ist schäbig ein relativer Begriff; jemand, der uns dabei beobachtet hat, wie wir eines Abends im Theater zwischen den Sitzen Händchen gehalten haben, fand es so schäbig, dass er es unseren Müttern in anonymen Briefen mitteilte. Wir mussten uns ganz schön anstrengen, um es abzustreiten, aber damals hat es uns noch enger zusammengebracht. Wir mussten dem

Anonymus dankbar sein. Kürzlich wohnten Jackie und ich noch einmal eine Zeitlang in derselben Stadt, und wir waren immer nett zueinander, wenn wir uns gelegentlich über den Weg liefen. Zumindest das sind wir uns schuldig, das wissen wir beide.

Ich aber datiere den Beginn meiner ersten Liebe auf jenen August in Amsterdam, und wir waren mit Unterbrechungen über fünf Jahre zusammen, bevor wir endgültig losließen. Von Zeit zu Zeit denke ich noch daran, und dann sehe ich als Erstes immer vor mir, wie die Sonne auf dem Wasser einer fremden Stadt tanzt, sich trennt und wieder verschmilzt, und ich sehe mich selber dort, mittendrin und frei, berauscht von der Luft und vor mich hin lachend, ein breites Grinsen im Gesicht und die Brieftasche in meiner Hose noch voller sauberer neuer Scheine.

OTTO JÄGERSBERG

Eine Liebesgeschichte

Johanna war längst müde geworden, glücklich zu leben. Sie hatte sich im teuersten Hotel des Kurortes einquartiert, in der Hoffnung, dass dies und die langen Tage der als vornehm geltenden Vorsaison eine ihr weiteres Leben entscheidende Begegnung herbeizuführen erleichtern würden. Es musste doch möglich sein, ihre Zukunft mit ein wenig Bequemlichkeit an der Seite eines gefälligen Mannes auszupolstern.

Ach, diese Mühe, die es kostet, seine Lage zu verbessern. Die Tage waren vertan. Die Hotelgäste wechselten gelangweilt die Säle und begnügten sich damit, die Zeit totzuschlagen. Der täglich neu in der Halle angeschlagene Veranstaltungskalender vertiefte die herrschende Langeweile. Desillusioniert erwartete sie das Ende, die Abrechnung für das nette Zimmer mit Bad und Blick auf den als grünen Salon im Prospekt ausgewiesenen Baumbestand des von warmen Wassern durchdrungenen Ortes, mit der vorab leichtsinnig gebuchten Vollverpflegung.

An der Rezeption druckste der Angestellte ein Ansinnen heraus. Ob sie, da ohnehin nur noch eine Nacht verbliebe, einverstanden sei, in ein anderes Zimmer zu wechseln; man erwarte einen Schock Kongressteilnehmer, und der Veranstalter beharre auf Zimmern mit Bad, wovon eben nicht genügend zur Verfügung standen. Johanna war zu müde, die lästige Umquartierung zurückzuweisen. Gutmütig lächelnd stellte der Angestellte ihr einen Preisnachlass, als für das Hotel selbstverständlich, in Aussicht.

Da erschrak sie doch. Was stimmte denn nicht an ihr? Sah sie etwa nach Preisnachlass aus!

Mehr über sich beunruhigt als über die Zumutung empört, verließ sie schnell das Hotel und suchte im Kurviertel Fassung.

Vorboten einer langen Nacht: Croupiers strebten dem Casino zu. In ihren morschen Roben nisteten die endgültigen Momente des Ruins; nur das abgesessene Tuch an ihren Hosen glänzte wie bare Münze. Einer warf Johanna nach einem tastenden einen sehnsüchtigen Blick zu. Nun also.

Sie schlenderte ziellos dahin und überdeckte das Nichts, das sie um und in sich spürte, mit den Bildern, die sich ihr aufdrängten. In den Schaufenstern blühten neben Juwelen Maiglöckchen, da lagen Tannen und strömenden Brunnen nachgebildete Andenken, lila Handschuhe, Pralinen, Wanderstöcke. Im Theaterschaukasten wiesen auf Bildern die Darsteller vergnügliche Höhepunkte nach, und die auf bunten Plakaten annoncierten Entertainer kündeten von der redlichen Anstrengung der Bäder- und Kurverwaltung, ärztlich verordneter Ablenkung zu genügen. Termintafeln ordneten den Abmarsch zum Terrain-Kurweg mit der milden Steigung für den Rehabilitanden, den Beginn des Kurkonzerts und den Einlass zum Abendgespräch.

Ein Trupp ausgelaugter Bergarbeiter unter Führung verlief sich an ihr vorbei in den grünen, akkurat mit Stiefmütterchen umsäumten Grüften.

Vom Kurhaus kam heitere Musik. Sogleich setzte Johanna ihre Füße in die Richtung.

Unter dem Muscheldach ging das auf der Anzeigetafel des Pavillons mit Frühlingsfluten bezeichnete Stück gerade zu Ende. Von den Gartenstühlen und Bänken rauschte Beifall zum Dirigenten auf, der sich korrekt verbeugte, dann verschwand. Doch blieb Erwartung. Johanna suchte sich einen Stuhl und im alleingelassenen Orchester einen Menschen aus, um ihn die Pause über zu betrachten. Da oben sitzen und die Geige streichen, wär das ein Leben?

Der Dirigent kam, man rührte die Hände, Verbeugung, der Taktstock sauste herab, und prompt ertönte Musik. Solveigs Lied. Wie schön. Johanna bog den Kopf zurück und lauschte.

Artige Stunde des Parks. Solveigs Lied wehte zwischen den Stühlen, auf denen Kranke auf ein balneologisches Wunder hofften, Spieler ihre Einsätze planten, Alleinstehende sich nach einem Partner sehnten, Durchreisende ihre Brote aßen, Rentner träumten und Johanna sich von wehmütigen Empfindungen durchschauern ließ, während im geharkten Kies Privatversicherte mit Anstand dahinschlurften und hörten und schauten, die Lippen noch weich und hängend vom lauen Quell.

Johanna gab sich einen Ruck und ging.

Zwischen den Kolonnaden drängelten sich die Kurgäste und eroberten die Terrassen.

In welches Gesicht Johanna auch blickte, es sprach nur von der Sehnsucht nach Kaffee und Kuchen. Hinweg.

Abends sehr einsam am Tisch im Hotel. Ein irgendwie altes Menü. Sie tupfte die Gabel in blasse grüne, rote und weiße Häufchen. Die Suppe gab ihr einige Löffel Wärme.

Unter den Neuankömmlingen blickte ein rotgesichtiger Mann auffällig zu ihr. Mein Gott, der letzte Abend! Sie senkte die Augen vor seinen Blicken, legte den Löffel ab, fuhr aufs Zimmer; es war eine Kammer im obersten Stock, nebenan wohnte gewiss Personal, egal, sie erfrischte sich, gipfelte den bislang im Karton eingesperrten Hut ins Haar und nutzte die Treppe zum langsamen Abgang in die Halle. Der untersetzte Rote studierte den Veranstaltungskalender, trat, wie vom reichhaltigen Angebot überrascht, einen Schritt zurück und ihr in den Weg. Pardon! Und öffnete mit großer Verbeugung die Passage. Johanna lächelte. Wandte von der Rezeption, als sie den Schlüssel übergab, den Kopf und nickte dem ihr Nachstarrenden freundlich zu. Vor dem Portal spielte sie mit den Richtungen, ganz müßige Dame: Wohin in dem Kaff?, schon gewiss, ihn im Rücken zu haben. Sie schlenderte zwischen Botanischem zum Brückchen. Der Rote knirschte im Kies ihr nach. Sie starrte ins Wasser. Da spiegelte sich der Mond. Ihr letzter Abend. Nun komm schon!

Der Mann hatte doch tatsächlich ein Stückchen Brot in der Tasche. Träge schnappten die Forellen. Wie süß! Das fand er nicht nur auch, sondern wusste: Große Wanderung vom Eismeer in die Oos, flinke Sprünge über Staustufen hinweg, Laichplatz zur Weihnachtszeit, und dann im Mai: Müllerin oder blau, kanadisch vom Grill oder unkenntlich auf Pekinger Art, Salmo trutta, germanisches Stammwort gesprenkelt, durch die Einführung der langweiligen Regenbogenforelle aus den Staaten brach alte europäische Fischkultur. Sie, die fiese Entwicklung zu Füßen, scherzte, ob er gar Züchter sei, so ungeheuer seine Kenntnisse. Gutmütiges Verneinen, dann gewichtige Vorstellung. Sie nannte auch ihren Vornamen, sollte er doch Mut fassen.

Vor der Deutschen Bank hielt er endlich ihren Arm. Fest. Bei Whisky im Maxim sein Leben. Besser hätte sie es nicht treffen können. Prokurist einer überschaubaren Unternehmung im Revier. Strapazierfähige Kunststoffbeschichtungen. Kein Panzer kriegt da einen Kratzer rein. Eine besonders pflegeleichte Sorte, die auf Küchenmöbeln Verwendung findet, hatte er sogar erfunden. Daher sein Aufenthalt hier. Kongress der Hersteller, Thema: Die Küche der Zukunft.

Seine Frau? Wie das so geht mit den Jahren. Ja, sie verstehe das. Er schmolz. Umfasste schon ihre Schulter. Und Sie, Johanna? Sie gab's ihm: Selige Kindheit in Pommern, Vermögen, die keiner mehr kennt, schuldlos geschieden, kinderlos, das letzte Warentermingeschäft, Zucker, verschlankt das einst so sichere Konto in Campione. Jetzt ziellos auf Reisen, weiß nicht wohin, Weltende.

Er sagte Johanna wie ein Sieger und Du.

Sie zeigte ihm, Alkohol macht sie übermütig, Küsschen. Bernhard, hauchte sie in sein rotes Ohr.

Im Bett – es war im Zimmer, aus dem man sie vertrieben hatte – überraschte er durch Kraft und Überlegung. Sein rotes Gesicht leuchtete. Sie würde sich schon daran gewöhnen.

Sie lag neben dem Schlafenden. Der hatte den Mund leicht offen, atmete gleichmäßig, sah friedsam, satt, eigentlich glücklich aus. Sie summte leise vor sich hin, immer die gleichen Takte, Solveigs Lied, nicht sehr musikalisch, unermüdlich, befriedigt. In halb undeutlichen, jedenfalls nicht unangenehmen Gedanken dachte sie an die Zukunft.

Die Wohnung, die er ihr in Essen einrichtete, besuchte er anfangs täglich. Pendelte sich dann zweimal in der Woche ein. Er gab dafür Skat und Kegeln auf. Im Frühsommer wollte er mit ihr wieder nach Baden-Baden, doch sie wollte ans Meer.

Sie konnte von dem, was er ihr monatlich gab, dreihundert Mark zur Sparkasse tragen.

Nach zwei Jahren liebte sie ihn.

SIMONE LAPPERT

Glitzer, Glatze oder Gangsterblick

Bei einem Gespräch über weibliche Zurückhaltung fiel mir neulich wieder ein, wie ich, ein paar Wochen nach Veröffentlichung meines ersten Romans, im Badezimmer meines Freundes stand, mit seinem Haartrimmer in der Hand, eingestellt auf fünf Millimeter, fest entschlossen, mit meinen langen Haaren kurzen Prozess zu machen. Ich weiß noch, wie ich dachte, dass dieser Schnitt mich vor weiteren Vorurteilen bewahren würde, wie sie mir seit dem Erscheinen meines Buches entgegenprallten. Ich weiß noch, wie ich über eine Stunde lang vor dem Waschbecken stand, mit dem surrenden Trimmer in der Hand, wie ich mir die Haare dann doch nicht rasierte, weil ich es nicht wirklich wollte, sondern nur das Gefühl hatte, es zu müssen.

Schuld an dem Konflikt war mein Autorinnenfoto: Ein paar Tage zuvor war ich zu einer Debütant:innenlesung eingeladen gewesen. Nach dem Auftritt setzte sich eine andere Autorin neben mich, sie war etwa zehn Jahre älter und hatte ebenfalls aus ihrem Debüt gelesen. Es war einer dieser schönen Leseabende gewesen, die nach neuen Büchern riechen, an denen es viel und guten Weißwein gibt, der Saal voll ist und man hinterher vor Freude ein bisschen zu viele Zigaretten raucht.

Ich hatte die Lesung der Autorin sehr gemocht und sagte

ihr das. Sie bedankte sich, nahm mein Buch vom Tisch und drehte es in den Händen. »Weißt du«, sagte sie, »ich bin jetzt ganz ehrlich mit dir. Ich kannte dich vorher nicht und dein Buch kannte ich auch nicht, aber als ich hinten im Umschlag dein Foto gesehen habe, da dachte ich: Die kann nix können.« Wie zum Beweis öffnete sie das Buch und zeigte mir mein Foto. »Aber dann«, sagte sie, »vorhin, auf der Bühne: Das war echt toll. Und gar nicht arrogant! Richtig nett. Toller Text. Toll gelesen. Aber«, sie klappte mein Buch zu und schob es mir verschwörerisch hin, »nimm doch beim nächsten Buch ein anderes Foto.«

Später im Hotel schaute ich mir das Bild genauer an, auf dem ich aus heutiger Sicht etwas zu viel Eyeliner trage und etwas verloren vor einer Betonwand stehe. *So what*, dachte ich und denke es noch heute, warum denken Frauen solche Dinge über andere Frauen? Als dann ein paar Tage später auch eine Buchhändlerin sagte, sie habe ziemliche Überzeugungsarbeit leisten müssen, um ihre Kolleg:innen dazu zu bewegen, mein Buch zu lesen, weil diese aufgrund des »eingebildeten« Fotos befunden hätten, der Text könne ja nur belanglos sein, begann ich an mehr als nur dem Foto zu zweifeln. Ich machte mir Vorwürfe dafür, das kleine Foto naiverweise als Banalität abgetan zu haben – die sich jetzt aufblies und den Text überschattete. Offenbar, so lernte ich, hatte man als Autorin auf seinem Foto zu lächeln, nahbar auszusehen, harmlos, möglichst ungeschminkt und vor allen Dingen: nett!

Während die einen das Buch also wegen des Fotos gar nicht erst lasen, behaupteten wieder andere, es werde erst recht deswegen gelesen oder, wie es ein Schriftstellerkollege formulierte: »Wir sind alle Skifahrer und müssen einen steilen Hang hinunter, aber hey, du kannst mit gewachsten Skiern fahren, das ist doch super.«

In den fast zehn Jahren seit diesem Foto ist viel passiert, die Diskurse rund um #MeToo haben nicht zuletzt auch einen Rückgang stereotyper Frauenbilder bewirkt, haben nicht zuletzt auch Frauen untereinander solidarischer gemacht. Trotzdem: Als das Shooting für die Pressefotos meines zweiten Romans anstand, schminkte ich mich kaum und dachte bei jedem Klick: Versuch, nett auszusehen, Simone, NETT! Während meine männlichen Kollegen weiterhin mit verschränkten Armen posierten, mit Gangsterblick, Kippen im Mundwinkel oder gleich in Denkerpose mit der Hand am Kinn. Alle möglichen Variationen von unnahbar und nichtnett.

Ich wünsche mir, dass wir mit der Gleichberechtigung unter anderem so weit kommen, dass wir Frauen uns eben so frei und ermächtigt fühlen, genau das Bild von uns selbst abzugeben, das uns gefällt, egal ob mit Glitzer, Glatze oder Gangsterblick. Und dass uns die Bilder nicht schaden, die sich andere aufgrund dessen von uns machen. Denn, das wird uns ja schon im Kindergarten eingeimpft: Auf die inneren Werte kommt es an. Schön, wenn das auch auf unsere Arbeit zutreffen würde.

KAREN KÖHLER

Name. Tier. Beruf

Es klingelt, und dann stehst auf einmal du vor der Tür, nach all den Jahren, und hast Großstadtkleidung an und strahlst und sagst »Hi«.

»Hallo Björn«, sage ich, und es hört sich komisch an, falsch irgendwie, weil ich dich früher immer Kuhni nannte, nach deinem Nachnamen, Kuhnert, und jetzt bist du Björn, weil du da stehst, nach fünfzehn Jahren, und dann noch diese Brille, deine asymmetrische Frisur und deine Tasche, die heißt wie ein Wochentag. Und ich stehe da mit Gummihandschuhen und Abwaschschaum in den Haaren, die ich mir aus dem Gesicht zu streichen versuche. Du grinst und drückst mich an dich. Fest und lang wie ein großer Bruder, machst ein Geräusch wie ein Dinosaurier. Roarrr.

»Kann ich reinkommen?«, fragst du.

»Ja«, sag ich. »Klar.« Drehe mich um, meine Jogginghose rutscht und ich habe unter dem T-Shirt keinen BH an. Unser Wiedersehen hatte ich mir anders vorgestellt.

»Ahh«, machst du und begutachtest die Räume, sagst, dass es gemütlich bei mir sei, dass ich das Haus schön umgestaltet habe, und dass du dich noch erinnerst, wie es hier früher roch.

»Wahnsinn«, sagst du, während du mich musterst, »wie alt warst du, als ich von hier weggegangen bin?«

»Fünfzehn.«

»Und jetzt?«

»Kannst du nicht rechnen, oder was?«

Du hast Champagner mitgebracht, für den ich keine Gläser besitze. Ich mache den Fernseher aus und den Abwasch fertig. Du legst die Flasche in den Kühlschrank und trocknest ab, ohne zu fragen. Das ist gut, dass wir erst mal nicht reden müssen. Du siehst mich immer wieder an, davon werde ich rot, saugst alles auf, jede Regung, jedes Möbelstück, ich komme mir provinziell vor. Dein Blick ist ein Museumsbesucherblick: Ich bin eine Hiergebliebene, ein Dinosaurierskelett. Die einzige Schnittmenge: unsere Dorfjugend.

Wir sind fertig, setzen uns rüber in die alte Garnitur mit dem Champagner und nehmen Omas Senfgläser, die du einen schönen Stilbruch nennst, und die jetzt meine sind, wie auch das Haus jetzt meins ist, weil es im Testament so stand. Ob du Hunger hast, will ich wissen, du nickst und sagst, dass eine Stulle reiche, und ich schmiere dir eine, während du umständlich die Flasche öffnest, kein lauter Knall, nur ein *Pffft*, und uns einschenkst.

»Ist gutes Brot«, sage ich, »und guter Käse, beides ausm Laden.« Ich meine meinen eigenen Bioladen damit.

»Mhm«, machst du, weil deine Eltern dir vielleicht erzählt haben, dass ich einen Laden habe, denn du fragst nicht nach. »Prost.«

Der Champagner, den du nicht spendierst, weil wir uns wiedersehen, sondern weil du einen Preis gewonnen hast als Journalist, einen Großstadtpreis, schmeckt hart gegen

Zunge und Gaumen, britzelt bis in meine Augen, ein Bier wäre mir lieber, aber ich mache trotzdem ein Genießergesicht. Mit einem Knack ist die Gewürzgurke entzwei, und du fragst kauend, wie es mir geht. »Gut«, sage ich viel zu schnell, weil mich die Frage überfordert, und werfe ein »Und dir?« zurück. Aus deinem Mund, der von einem Dreißigtagegroßstadtbart eingerahmt ist, prasseln zwischen den einzelnen Bissen eine Menge Worte in meinen Dorfkopf und ich sage aus Versehen, dass ich froh bin, dich zu sehen. Keine Ahnung, warum ich das gesagt habe. War gelogen.

Du lächelst und schenkst dir nach.

»Du hast es geschafft«, sage ich. »Bist raus aus dem Mief und rein in die Welt. Ich stinke immer noch nach Hof. Ich komm hier nicht mehr weg.«

»Ich dachte, das wolltest du nie.«

»Meine Eltern haben Land verkauft und umgestellt. Bio. Weniger Kühe, dafür auch Käse, Butter und Gemüse. Ich mach den Laden im Dorfzentrum.«

»Ja. Hat meine Mutter mir erzählt.«

Ein kleines Schweigen.

»Willst du auch noch einen Schluck?«

Früher waren wir unzertrennlich. Du, meine Schwester Monica und ich. Schon als Kind war ich unsterblich in dich verliebt. Aber ihr wart in einer Klasse und ich drei Jahre jünger. Früher hatten wir eine Fingerzeichensprache, Ferngläser und Wäscheleinen zwischen unseren Fenstern. Mit Zaubertinte aus Zitronensaft wurden Nachrichten geschrieben, die Geheimbotschaften dann mit Wäscheklammern an den Leinen befestigt und von Fenster zu Fenster gezerrt. Als Monica Brüste bekam und du einen Bart, trennten uns auf einmal Welten, auf meine Geheimbotschaften kamen keine Antworten mehr. Und als du dann eines sonntagnachmittags Monica nebenan zwischen ihren Kuscheltieren entjungfert hast, habe ich meine Anlage auf ganz laut gestellt und mir gewünscht, ich wäre tot.

Am nächsten Tag bin ich trotzdem mit euch an den See zum Baden. Meinen Badeanzug hatte ich an entscheidenden Stellen mit Klopapier ausgestopft, was euch gar nicht auffiel, weil sich eure Köpfe permanent ineinander verkeilten. Während eines Solotauchganges habe ich die vollgesogene Haklefeuchtbrust aus dem Badeanzug gezerrt und schwerelos im Wasser treiben lassen.

»Warum bist du hiergeblieben?«

»Wegen Monica.«

Es war vielleicht drei Wochen, bevor dein Zivildienst anfing, als Thees den Wagen seiner Eltern um einen Alleebaum gewickelt hat mit meiner Schwester drin. Dann war sie tot, du gingst alten Leuten den Arsch abwischen und ich flog von der Schule. Ist doch klar, dass ich blieb. Weil ich übrig war und meine Eltern so tief in ihre Trauer versunken. Das war aber nicht alles. Es gab noch einen Grund.

»Verstehe.«

Du verstehst gar nichts. Ihr Sarg war keinen Tag unter der Erde, da lagen wir im Heu. Ich war taub und entsetzlich einsam, und irgendetwas in mir war krumm wie ein Säbel. Ich fühlte das drohende Doppelverlassensein und versuchte die Zeit anzuhalten. Wir lagen Löffelchen und irgendwann waren deine Hände an meinen Brüsten, deine Tränen in meinem Nacken und dein steifer Schwanz rieb an meinem Po. Du schobst mein Kleid hoch und meine Unterhose runter, und ich wusste, dass jetzt etwas kommt, das noch nie da war. Ich hab mir währenddessen in den Arm gebissen, nicht wegen der Schmerzen, die hätte ich ertragen, sondern, weil ich nicht Moni war. Du bist von mir runter, raus aus der Scheune und raus aus meinem Leben.

Deine Hand liegt hinter meiner Schulter auf der Couchlehne, mir ist unwohl deswegen. Ich beuge mich zur Flasche, aber du willst höflich sein, kommst mir zuvor, und unsere Oberkörper berühren sich. Du nimmst die Flasche wie ein Kellner in die Hand, schenkst mir den letzten Schluck ein und sagst: »Ist noch Champagner im Weinkeller?« Haha. Großstadtwitz.

»Ich fürchte, der Jahrgang ist aus«, sage ich, »aber im Eisfach ist Wodka.«

»Bleib sitzen!«, sagst du, gehst in die Küche, was ich unangemessen finde, wer bist du denn, dass du denkst, du dürftest in meinem Gefrierfach stöbern, und kommst selbstsicher mit der Beute zurück. »Noch halb voll«, sagst du und tänzelst durchs Wohnzimmer. Ich muss an einen Marder denken. Vielleicht wegen der hautengen Jeans oder weil dein ganzer Körper so lang und dünn und verbogen ist und in deinem Mund so viele kleine spitze Zähne blitzen. Wie geschickt und geschwind du dich hier ausbreitest, als wäre das alles deins.

»Ich war verknallt in dich«, sage ich nach dem zweiten Wodka.

»Echt?«, fragst du und kommst etwas näher.

»Echt«, sag ich. »Richtig derbe verknallt.«

»Wieso hast du mir das nie gesagt?«

»Ich sag's dir jetzt. Hab sogar deinen Müll durchsucht.«

»What?«

»Den Müll. Von euch. Aus eurer Tonne.«

»Was? Du spinnst doch.«

»Nee.«

»Und was hast du da gefunden?«

»Abfall. Von dir.«

»Igitt.«

»Ja.«

Dritter Wodka für uns beide.

»Aber warum …?«

»Wollte dir nah sein, schätz ich.«

»Verrückte Nudel«, sagst du und schüttelst den Kopf, jetzt drehe ich mich zu dir hin, du legst einen Arm um mich, und ich meinen Kopf auf deine Brust im Karohemd.

Ich erzähle dir nicht von der Sammlung in meinem Keller. Drei Umzugskartons stehen da, mit Ordnern gefüllt. In Plastikhüllen gehefteter Müll von dir. Mit Datum meines Fundes und einer kleinen Notiz: *25. 06. 1991 Joghurtdeckel. Kuhni hat zum Frühstück Müller Joghurt Knusperflakes gegessen und den Aludeckel abgeleckt.* Oder: *25. 12. 2002 Verpackung von einem Marzipanbrot. Kuhni war über Weihnachten zu Hause und hatte ein Marzipanbrot unterm Baum. Gegessen hat er's im Bett beim Lesen.*

Ich erzähle dir nicht, dass ich sogar bis in die Stadt gefahren bin, in der du studiertest, um nachts deinen WG-Müll zu durchstöbern, aber nicht herausfinden konnte, was aus der riesigen Großstadtmülltonne von dir war. So beschränkten sich meine Beobachtungen und Sammlungen auf die Zeit der seltenen Besuche, die du deinen Eltern abstattetest.

»Du bist wirklich verrückt«, sagst du und vergräbst deinen Mund in meinen Haaren.

»Mir ist heiß.«

»Komm, wir gehen raus. Drehen eine kleine Runde.«

»Ja, gut.«

Wir lösen uns wodkaschwer voneinander und vom Sofa, ziehen uns Jacken über und Schuhe an, du lässt deine Tasche liegen, als wolltest du mir signalisieren, dass wir gemeinsam wieder herkommen werden. Ob ich nicht abschließen will, fragst du mich, als wir das Haus verlassen. Wie viel du verlernt hast. Hier kommt doch keiner.

»Mein Laptop ist in meiner Tasche.«

Ich lege meinen Kopf schief. Was bist denn du auf einmal für ein Schisser.

»Na gut«, sag ich und hole meinen Schlüsselbund und auch die Wodkaflasche.

Es ist nicht warm und nicht kalt, es ist mitten im Mai, die Luft voller Tagesreste, und noch ist letztes Licht am Himmel. Wir laufen die Hauptstraße entlang. Richtung Zentrum. Du lachst über *Zentrum* und sagst, dass alles so klein ist, viel kleiner noch als in deinen Kindheitserinnerungen. Herrlich findest du Luft und Stille, dabei ist es gar nicht still, und es stinkt nach Land. In den Häuseraugen sind Lichter an. Die meisten haben aber die Jalousien im Wohnzimmer runter. Hocken alle vor der Glotze. Würde ich ja auch, wenn du nicht geklingelt hättest.

»Warum bist du heute gekommen?«

»Wollte dich mal wiedersehen.«

»Einfach so?«

»Ja.«

»Mitten im Jahr.«

»Ja.«

»Mitten in der Woche.«

»Ja!«

»Erzähl keine Scheiße.«

»Mir war danach. Ok?«

»Warum war dir in den letzten fünfzehn Jahren nie danach?«

Ich nicke Kerstins Mutter zu, die uns halb hinter der Gardine stehend beobachtet, und erkläre dir, dass die Wennigers jetzt angebaut haben, weil Kerstin geheiratet hat und jetzt mit dem Mann, einem aus dem Internet, aus einer Singlebörse, sage ich hinter vorgehaltener Hand und mache damit das Dorf nach, und du lachst, mit diesem Internetmann also und ihren drei Kindern mehr Platz braucht.

Wir stehen da und schauen auf den Wenniger-Hof und saufen die Wodka-Flasche leer. Das wissen morgen alle im Dorf, dass wir hier gestanden und Schnaps aus der Flasche getrunken haben, das ist uns klar.

»Schlecht fürs Geschäft«, meinst du.

»Mir egal«, sag ich, »die reden auch so schon. Noch nicht verheiratet in meinem Alter und so …«

»Haijaijai«, machst du und fasst mir mit einer Hand unters Kinn, »so ein hübsches Ding und noch nicht unter der Haube.« Wir winken aus der Entfernung Kerstins Mutter hinter der Gardine zu, bis auch dieser Rollladen zum Hausaugenlid wird, das sich müde schließt.

»Da ist mein Laden«, sage ich, als wir im Zentrum bei der alten Linde angekommen sind. »Willst du mal rein?«

»Ja, klar«, sagst du, und ich bin ein bisschen stolz.

Ich schließe auf, die Glocke über der Tür klingelt, ich mache Licht.

»So. Was darfs denn sein?«

»Eine Flasche Schampus, bitte.«

»Das macht sieben neunundneunzig.«

»Acht Euro für ne Pulle Sekt?«

»Ist Demeter, du Spacken.«

»Ach so, na dann …«, du fummelst nach deinem Portemonnaie.

»Lass gut sein.«

»Nein, ich besteh darauf.«

»Steck dein Geld weg.«

Du bedankst dich, machst die Flasche auf, wir gehen wieder raus zur Linde und setzen uns auf die Bank.

»Das könnte ich nicht.«

»Was?«

»Deinen Job machen. Die Leute hier bedienen. Tratschen. Dieser ganze Dorfkack. Ich meine, wie groß ist denn bitte dein Radius? Vom Haus bis zum Laden?«

»Jetzt tu nicht so, als ob dein Job besser wäre. Du hast früher in der Scheiße der Kühe gewühlt und wühlst heute in der Scheiße der Leute. Ist immer noch dasselbe. Du bist immer noch der Kuhni, der den Stall ausmistet. Mir egal, ob du dich Journalist nennst. Du schaufelst Scheiße.«

Ich habe alle deine Artikel gelesen, alles, was ich im Internet finden konnte. Habe die Tageszeitung abonniert, für die du seit ein paar Jahren schreibst. Ich weiß, in welchem Dreck du gewühlt hast.

»Ich glaube, du bist hergekommen, um deinen verfickten Preis zu feiern und uns zu zeigen, wie provinziell wir alle sind, und wie geil du bist, weil du es zu etwas gebracht hast.«

»So'n Scheiß!«

»Warst du mal bei ihrem Grab?«

Du schweigst eine Zeit lang.

»Nein. Es ging nicht.«

»Und am Baum?«

»Auch nicht.«

»Dann gehen wir jetzt«, sage ich und weiß, dass du mir folgen wirst, weil du es musst, weil ich den Schlüssel habe und weil deine Wochentag-Tasche in meinem Haus ist, mit deinem Journalistenlaptop darin.

»Was soll das?«

»Komm mit. Nur rüber zum Friedhof. Das schuldest du ihr.«

Die kleine Kirche ist beleuchtet, und der Friedhof steht in Blüte. Flieder. Kastanien. Goldregen. Man riecht sie schon von Weitem. Das Eisentor ist bereits abgeschlossen, und wir springen an einer verdeckten Stelle über die kleine Mauer, landen in der Gärtnereiecke, ich nehme deine Hand. Geradeaus, zweimal links, einmal rechts, dann sind wir da.

Sie wurde dem Leben viel zu früh entrissen. Mehr steht nicht auf dem Stein. Kein Name, kein Geburtstag, kein Todestag. Und du hast auf einmal Eulenaugen, in denen sich Seen sammeln.

»Scheiße«, sagst du, schaust vom Grab zu mir zum Grab.

»Guck mal, wer hier ist, Moni«, sage ich, suche einen kleinen Stein vom Boden und lege ihn aufs Grab, das ein Doppelgrab ist, was außer mir keiner weiß.

»Das mache ich jedes Mal, und irgendwer fegt meine Steinchen immer wieder runter.«

Du machst es mir nach, legst dein Steinchen ab und setzt ein Andachtsgesicht auf. Dann nehme ich die Flasche, trinke einen kräftigen Schluck für mich und dann einen für Moni, lasse langsam den Sekt aufs Grab laufen.

»Prost, Moni.«

»Kommst du oft her?«

Ich habe letztes Wochenende Vergissmeinnicht aufs Grab gepflanzt. Meine Mutter Fuchsien. Die hätte Moni nicht gut gefunden. *Spießerblumen* hätte sie gesagt.

Moni hätte auch nicht gut gefunden, dass ich das Baby zu ihr ins Grab gelegt habe. Kleines namenloses Würmchen. Aber so ist es wenigstens nicht allein.

»Es tut mir leid«, sagst du, und irgendwie kommt das fünfzehn Jahre zu spät. Ich nehme Anlauf und sage:

»Da liegt auch dein Baby.«

»Was?«

»Habs da mit reingelegt, als ich's verlor«, sage ich und zeige auf die Stelle.

»Was? Was für ein Baby?«

»Du hattest mich geschwängert.«

»Was? Wann? Was?«

»In der Scheune, Kuhni. Hat deine Mutter es dir nicht gesagt?«

»Was?«

Ich forsche in deinem Gesicht. Du scheinst wirklich nichts gewusst zu haben. »Von ihr hatte ich die Adresse deines Zivi-Wohnheims. Ich wollte es dir sagen. Ich war ja erst fünfzehn. Ich wollte es behalten.«

»Waswaswas, was redest du?«, und dann haust du mir eine runter, dass Sterne kreisen und aus meiner Nase Warmes kommt. »Was!«, sagst du noch mal, du Scheißpapagei, und ich hole aus und zack landet meine Hand in deinem Gesicht. Ich will noch einmal, aber du wehrst mich jetzt ab, wir geraten ineinander, wir schlagen und treten nach uns, ringen am Boden und bleiben Minuten später erschöpft und verschmiert auf dem Friedhofsweg liegen. Hand in Hand und heulend.

Und dann, als alles still wird in mir, als der Augenblick sich in seiner tiefsten Bedeutung vor mir auffächert, finde ich Frieden. Jetzt erst, wo ich nichts mehr will und vor nichts mehr Angst habe, erzähle ich dir davon, wie es war, als ich entdeckte, dass ich von dir schwanger war. Wie ich in Panik auf der Toilette das Testergebnis vom Schwangerschaftstest erwartete, den ich mir am Tag zuvor in der Kreisstadt gekauft hatte, anstatt zur Schule zu gehen. Wie ich an drei Apotheken vorbeigelaufen bin, bis ich mich traute, in eine reinzugehen. Wie ich die Packung dann rasch in meiner Jackentasche vergrub. Wie ich am Abend im Bett immer wieder den Beipackzettel studierte und ausrechnete, dass ich schon dreieinhalb Wochen drüber war. Und wie mir die Knie wegsackten, als dann da nicht ein, sondern zwei Streifen in dem Sichtfenster angezeigt wurden. Wie mir eines, trotz allem, sofort klar war: Dass ich dieses Kind bekommen würde. Wegen dir. Ich erzähle dir, wie die Wochen vergingen, in denen ich die Schule schwänzte und die eigenen Eltern mit Trauer um das tote andere Kind so voll waren, dass sie gar nichts bemerkten. Ich es ihnen auch nicht sagen konnte. Wie ich im vierten Monat, man sah schon ein kleines Bäuchlein, rüber zu deiner Mutter bin und es ihr gesagt habe, weil ich deine Adresse wollte, weil ich es dir sagenzeigengreifbarmachen wollte. Ich erzähle dir, wie deine Mutter mich nach dem Monat gefragt hat, ob meine Eltern es wüssten und ich schon beim Arzt gewesen sei und ob ich es wegmachen lassen wolle. Wie sie mir deine Adresse erst nicht geben wollte, es dann doch getan hat, als ich sie belog und sagte, dass ich erst im dritten Monat sei, und ihr versprach, es bei dir in der Stadt wegmachen zu lassen. Wie deine Mutter mir Geld gab, zweihundert Mark, *für den Eingriff,* und ich dann mit dem Zug in die Stadt gefahren bin, dein Zivi-Wohnheim gefunden habe und dort gesehen habe, wie du mit einem Mädchen aus der Tür kamst, ganz verliebt, dabei hatte ich dein Baby im Bauch, und ihr dann in einem Café gemeinsam Kuchen gegessen habt und rumgeturtelt, und dass ich euch beobachtet habe und ob du dich daran erinnerst, denn du hast mich ja gesehen da in dem Café und dann hast du weggeschaut, als gäbe es mich nicht, oder als würdest du mich gar nicht kennen. Ich erzähle dir, dass kurz darauf, als ich ziellos durch die fremde Stadt lief, die Krämpfe einsetzten. Dass das Wehen waren. Wie ich dann später auf dem Bahnhofsklo das Kind verlor und den faustgroßen Embryo aus der Kloschüssel genommen und in meine Brotdose gelegt habe, in der vorher noch ein halber Apfel lag. Da im Klo, da konnte ich's doch nicht einfach lassen. Dass ich schlimm geblutet habe. So schlimm, dass ich ein T-Shirt als Binde benutzt habe. Dass die Toilette danach furchtbar ausgesehen hat. Dass ich dann mit der Brotdose in meinem Rucksack zurück nach Hause gefahren bin. Dass meine Eltern nicht mal bemerkt hatten, dass ich weg war. Und dass ich heimlich in der nächsten Nacht auf diesem Friedhof hier neben uns und über Monis Sarg ein Loch gebuddelt habe und wie schwierig das war, weil der Boden schon Frost hatte, es war ja November und eine Schweinearbeit, da ich nur eine kleine Gärtnerschaufel als Werkzeug mitgenommen hatte, sodass ich Blasen in den Handinnenflächen vom Graben bekam. Ich erzähle dir, wie ich das Kleine in die Hände genommen und zu Moni gelegt habe, wie weh mir war, aber dass es dafür keinen Ort in mir gab. Und dass ich danach wochenlang mit Schmerzen zu kämpfen hatte. Und von der Schule flog.

»Komm her«, sagst du, nimmst mich in den Arm, und

ich weiß, dass du morgen wieder fahren wirst in deine Großstadt zu deiner Frau und deinen Kindern, die du inzwischen hast.

Und ich weiß auch, dass ich die Umzugskartons beim nächsten Sperrmülltermin aus dem Keller holen und an den Straßenrand stellen werde. Und dass da jetzt ein Ort in mir ist.

DORIS DÖRRIE

San Francisco

Im Jahr 2019 bin ich in die USA, nach Japan und Marokko gereist. Niemals hätte ich mir vorstellen können, dass es für längere Zeit die letzten Reisen gewesen sein sollten. Noch hatte niemand vom Coronavirus gehört. Noch war George Floyd am Leben. Noch schien mein Leben ganz so zu sein wie in all den Jahren zuvor: fast immer unterwegs, selten mehr als drei Monate zu Hause.

Ich flog nach San Francisco zu einem Filmfestival und freute mich auf diese kurze Reise, ein kleines Abenteuer. Unterwegs zu sein war mein Idealzustand, unterwegs fühlte ich mich von mir selbst befreit, und gleichzeitig träumte ich unbeirrt weiter davon, in der Fremde eine andere, bessere Version meiner selbst zu werden. Der deutsche Traum der Bildungsreise. Meine Eltern waren schon reisesüchtig, was eng mit ihren Erfahrungen in Nazideutschland verknüpft war. Uns wurde früh beigebracht, dass Reisen nicht nur Spaß macht, sondern fast eine Verpflichtung ist, um den eigenen Horizont zu erweitern. Als Kinder waren wir dazu nur bedingt bereit. Meine Schwestern und ich fürchteten die endlosen Autofahrten zu viert auf dem Rücksitz, bei denen wir zum Schutz vor der brennenden Sonne Tücher vor die Scheiben hängten und rein gar nichts von der Umgebung sahen. Meine Mutter rief immer wieder: Schaut doch mal aus dem Fenster, wie schön es hier ist! Aber wir starrten lieber auf unsere nackten Knie, während wir uns in engen Serpentinen über die Alpenpässe quälten. Regelmäßig wurde uns schlecht, und meine Mutter reichte uns Plastikbeutel nach hinten, in die wir den blassrosa, lauwarmen Malventee spien, den es nur auf diesen Autoreisen gab. Wenn wir stritten, schüttelte mein Vater eine Flasche Selterswasser und hielt sie, ohne den Blick von der Straße zu wenden, nach hinten, um unsere Mütchen zu kühlen. Dass wir endlich Italien erreicht hatten, merkten wir daran, dass es heiß wurde und unsere Schenkel unangenehm aneinanderklebten. Wir stritten nun absichtlich, um eine kleine Seltersdusche abzubekommen, aber da gab es meist keinen Nachschub mehr. Wenn wir Glück hatten, hielten wir an einer Tankstelle mit dem Logo eines sechsbeinigen Hundes, der Feuer spuckte, und taumelten in einen Traum von Raststätte, in der es frische Pizza gab und rabenschwarzen Espresso für die Eltern, die auf einmal ganz verwandelt schienen, leichtfüßiger, lustiger, fast schon verwegen – und mit einem Schlag waren alle Reisequalen vergessen, und unser Horizont fühlte sich bereits enorm weit an. Wie konnte man nur darauf verzichten? Wer nicht reiste, galt als engstirnig und wunderlich – denn wer wollte nicht so oft wie möglich aus Hannover herauskommen?

Mein Wunsch, in den USA zu studieren, wurde wahrscheinlich auch deshalb von den Eltern unterstützt, und so brach ich vor fast einem halben Jahrhundert allein nach San Francisco auf. Ich sprach schlecht Englisch und kannte dort niemanden, aber wie in dem Märchen von einem, der auszog, das Fürchten zu lernen, hatte ich vor nichts Angst.

Die ganze Welt schien mir ein aufregender, aber prinzipiell freundlich zugewandter Ort zu sein, den ich nun zu durchwandern hatte, um zu lernen und zu wachsen. Die Vorstellung von Wanderschaft und Wanderjahren kannte ich aus der Literatur, aus Liedern und Gedichten. Mich faszinierten die Wandergesellen, die mindestens drei Jahre lang fern der Heimat unterwegs waren und als *Fremdgeschriebene* bezeichnet wurden, wildromantische Gestalten in ihrer schwarzen Kluft, den Hosen mit Schlag, manche trugen einen Ohrring und als Zeichen des freien Mannes – natürlich waren es immer nur Männer – Zylinder, Schlapphut oder Melone, was zuvor nur dem Adel vorbehalten gewesen war. Sie wirkten wie eine Mischung aus Rockstar und Hippie, ultracool. Meine Reise nach Kalifornien fühlte sich auch ein wenig an, als würde ich auf die Walz gehen. Nur eben als junge Frau, ganz allein, was in meiner direkten Umgebung damals doch etwas ungewöhnlich war. Warum hatte ich überhaupt keine Angst? Meine Neugier auf neue Erfahrungen war so groß, dass ich dafür keine Zeit hatte, vielleicht fehlte mir auch einfach die Fantasie. Außerdem war ich in dem Glauben erzogen worden, Männern vollkommen gleichgestellt zu sein, was ich lange nicht im Geringsten anzweifelte.

In vielen Geschichten ist Angst der Treibstoff, der Motor, und wir wissen ganz genau, dass der Protagonist am Ende lernen wird, seine Angst zu überwinden. Der Held muss sich dem Drachen stellen, den Kampf mit ihm wagen, den eigenen Tod riskieren, eine tiefe Verwandlung erfahren, um siegreich und belohnt nach Hause zurückzukehren. In San Francisco gründete George Lucas in den

Sechzigerjahren seine Firma Industrial Light & Magic und brachte mit dem *Star-Wars*-Epos die Dramaturgie der sogenannten »Heldenreise« in die Welt, die seitdem als Blaupause jedem Blockbuster zugrunde liegt. Wir lieben dieses Muster offenbar, denn sonst wäre es nicht so erfolgreich. Der (zukünftige) Held, oft schwach und blass, ein Schisser, Muttersöhnchen, Versager, muss aus dem Haus, raus aus der gemütlich miefigen Wohnküche, rein ins Abenteuer. Das kann auf vielfältigste Art und Weise geschehen: durch ein Missgeschick, etwa von einer radioaktiven Spinne gebissen zu werden, durch Eltern, die einen im Wald aussetzen, durch eine miese Prophezeiung, die man mit sich herumschleppt, durch eine Kündigung, eine Hausräumung, einen Umzug oder durch schiere Wanderlust. Egal wie, der Held muss aufbrechen, denn wenn er diesen Aufruf zum Abenteuer ausschlägt, bleibt er für immer ein Waschlappen, Trottel und Weichei – und es gibt keine Geschichte. Wer sich nicht fürchtet, hat einfach bisher noch nichts kennengelernt, vor dem er sich fürchten müsste, er stolpert ungeschützt ins Abenteuer. Der Furchtsame aber legt seine teure, tolle Funktionsrüstung an, die jedoch später garantiert eine Schwachstelle aufweisen wird (wie das Lindenblatt zwischen Siegfrieds Schulterblättern, der doch extra in Drachenblut gebadet hatte). Gerüstet oder nicht, auf dem Weg ins Abenteuer muss der Held die Schwelle in ein fremdes und gefährliches Land überschreiten, vorbei an strengen Schwellenwärtern, die manchmal aussehen wie der Türsteher vom Berghain, manchmal aber auch klein, dünn und unerbittlich wie die Dame hinter einem Lufthansa-Schalter. Wenn der Held die Schwelle überschritten hat, gibt es kein Zurück mehr. Im fremden Land gelten die ihm bekannten Regeln nicht mehr, er versteht kein Wort, man isst eklige Dinge, es ist entweder zu heiß oder zu kalt, der Boden unter seinen Füßen beginnt zu schwanken. Dubiose Gestalten bieten ihre Hilfe an, Widersacher belästigen ihn, manchmal findet er Rat bei einer weisen Frau, manchmal sogar treue Begleiter, die aber ihre eigenen Probleme mit sich bringen, er übersteht eine Prüfung nach der anderen, bis er auf dem Höhepunkt dem Drachen gegenübersteht, seinem schlimmsten Feind und seiner größten Angst. Es wird dunkel um ihn, er stürzt in die tiefe Nacht der Seele, aber er darf jetzt nicht umkehren, nicht davonlaufen. Natürlich gewinnt er den Kampf, weil er muss – sonst wäre er kein Held. Lädiert, aber triumphierend kehrt er heim, bekommt die Frau, das Haus und das Auto und befreit auch noch gleich die daheimgebliebenen Jammerlappen. So ähnlich läuft es in allen erfolgreichen Geschichten der Welt ab, analysierte der amerikanische Mythenforscher Joseph Campbell in den Sechzigerjahren und nannte das den Monomythos des Helden. Selbst Buddha und Jesus folgen diesem Muster, minus Haus, Auto und Frau.

Der Held muss also aus dem Haus, um ein Held zu werden. Und die Heldin? Sie ist gar keine Heldin, sondern die Frau des Helden, sie bleibt, wo sie ist, und beschützt das Haus. Sie ist die Hausfrau, die Frau im Haus. Sie muss auch deshalb dableiben, damit jemand zu Hause ist, wenn der siegreiche Held zurückkehrt. Sie darf nicht ausziehen, um das Fürchten zu lernen, aber das muss sie auch gar nicht, denn sie hat ja sowieso permanent Angst. Sie macht sich ständig Sorgen, am meisten um den Helden. Der Held wiederum macht sich keine um sie, denn er kann sich darauf verlassen, dass sie geduldig auf seine Rückkehr wartet und in seiner Abwesenheit kratzige Pullover webt. Den dramatischen Monomythos gibt es für die Heldin historisch betrachtet nicht (es sei denn, man steckt sie als männliche Fantasie in ein hautenges Lederkorsett und lässt sie mit riesigen Waffen hantieren). Die Geschichte der Heldin besteht eher aus einer Abfolge von Episoden ohne vorhersehbare Dramaturgie, ohne Action und Geballere, ohne Rettungsfantasie und Showdown. Aber ist es dann überhaupt eine Geschichte? Oder muss sie dafür das Haus verlassen? Die Theorie besagt, dass jede Reise unweigerlich den Stationen der Heldenreise folgt und Konflikte deshalb unausweichlich sind. Das heißt, wenn die Heldin das Haus verlässt und reist, bekommt sie auf jeden Fall Ärger – und damit eine Geschichte.

Da ich keinen Ärger haben möchte, schreibe ich auf das Einreiseformular für die USA unter Berufsbezeichnung immer: Hausfrau. Das wirkt auf die meist schlecht gelaunten *immigration officers* ungemein beruhigend. Eine Hausfrau wird aller Voraussicht nach nicht ihr Rückreiseticket gegen Drogen eintauschen oder illegal einen Alligator erlegen und im Koffer zurückschmuggeln – was vielleicht eine gute Geschichte wäre –, nein, eine Hausfrau macht keine Geschichten. Mit meiner falschen Angabe verrate ich zwar alle Hausfrauen dieser Welt, und mich selbst obendrein, dennoch klopft mein Herz an der mythischen Schwelle mit ihren schwarz uniformierten Schwellenwärtern.

Damals, bei meiner ersten Reise in die USA in den Siebzigern, sollte ich auf dem Einreiseformular meine *race* angeben. Ich war empört und verstand das Wort *caucasian* auch gar nicht. Hatten wir nicht in Deutschland gerade mühsam gelernt, dass es keine Rassen gibt, und Farbenblindheit eingeübt, um nicht als rassistisch zu gelten (was wir natürlich weiterhin waren)? Mehr als fünfundvierzig Jahre später wird *race* auf dem Einreiseformular nicht mehr abgefragt. Wenigstens das. *Welcome to America,* lächelt die Immigrationsbeamtin und stempelt den Pass der reisenden Hausfrau ab. Auf mein Formular schaut sie gar nicht, anscheinend interessiert sie noch nicht mal, ob die Hausfrau angekreuzt hat, dass sie mit einem Maschinengewehr einreist.

Meine Abholung wartet bereits auf mich, Vince, ein magerer Mann in schlottrigen Jeans, der als Freiwilliger für das Festival arbeitet, seit er in Rente ist. Er packt mich in seinen zerbeulten Honda und schimpft gleich mal auf die Europäer, diese Waschlappen, die ohne die USA gar nicht imstande wären zu überleben. Zu feige für jeden Krieg, in Bosnien habt ihr zugeschaut, wie die Menschen abgeschlachtet wurden. In der Ukraine zieht ihr den Schwanz ein, andere sollen ständig für euch die Waffel aus dem Feuer holen. Die Waffel?, frage ich. Auf Deutsch sind es die Kastanien, die man aus dem Feuer holt.

Und dann auch noch immer recht haben wollen, grantelt Vince.

Die Sonne geht eilig in einem Farbfeuerwerk unter, wie sie das hier so macht. Ich erinnere mich an das Licht, dieses kristallklare Licht, das alles erscheinen lässt wie ausgeschnitten. Wie sehr habe ich, als ich zum ersten Mal hierherkam, über das Licht gestaunt, das dieses ganze Amerika aussehen ließ wie ein Plattencover. Was für ein himmelweiter Unterschied zum grau verhangenen Hannover, wo man die meiste Zeit des Jahres wie hinter einer Milchglasscheibe verbrachte. Unablässig rieb ich mir hier die Augen. Selbst auf meinen Schecks der *Bank of America* prangte ein glühender Sonnenuntergang.

Mit vierzehn ist Vince ganz allein aus Sizilien eingewandert, erzählt er. Ich sage nicht, dass er doch eigentlich auch Europäer ist. Hat sich mit Jobs durchgeschlagen, dann vierzig Jahre lang beim Finanzamt als Steuerprüfer gearbeitet. Es ödet ihn an, dass die großen Firmen keine Steuern zahlen und die jungen Techies mit ihren gigantischen Einkommen San Francisco übernommen haben.

Sie nehmen mir die Stadt weg. Nichts kann man sich mehr leisten. Mit 80 000 Dollar Jahreseinkommen giltst du jetzt offiziell als arm. Ich habe nie mehr als 72 000 verdient. Ist doch scheiße, oder? Was sagen Sie? Ja, murmele ich, ist scheiße.

Und die ganzen Obdachlosen in der Stadt, überall nur noch Obdachlose. Am Wochenende fahre ich an den Strand und hole große Steine, die lege ich auf den Bürgersteig vor meiner Wohnung, damit sie dort nicht mehr rumsitzen können. Im Januar muss ich raus aus meiner Zweizimmerwohnung, die hat so ein Silicon-Valley-Affe für 1,8 Millionen Dollar gekauft, der ist erst 25 Jahre alt. Jetzt sitze ich selbst bald auf der Straße, vor meiner eigenen Wohnung, aber nirgendwo kann ich mich hinsetzen, denn *shit,* da sind ja die Steine!

Er lacht röhrend. Seine Zähne sind nicht in bestem Zustand. Auf der klassischen Heldenreise wäre Vince die ideale Besetzung für den lustigen, aber nicht ganz zuverlässigen Begleiter im fremden Land, der im entscheidenden Augenblick vielleicht doch die Beine in die Hand nimmt. Die Dunkelheit fällt dramatisch wie ein Vorhang nach einer kurzen Dämmerung. Die Dinge verändern sich rasant und ohne lange Vorankündigung. Auch daran musste ich mich damals gewöhnen. Ich war so langsam, so umständlich, so deutsch.

Wir fahren über die Golden Gate Bridge, die jetzt sieben Dollar Maut kostet. Vince setzt mich vor einem Motel direkt am Highway ab. Keine Kneipe, kein Restaurant in Sicht.

Wo bekomme ich jetzt noch was zu essen?

Tja, sagt Vince, am besten im Traum, da können Sie bestellen, was Sie wollen, und es ist auch noch günstig.

Er lacht röhrend und düst davon. Ein Rücklicht ist kaputt. Natürlich. Das leicht Verlotterte, Kaputte gehört zu seinem Archetypus unbedingt dazu, im Film würde die Requisite dafür extra und kunstvoll sein Rücklicht zerstören.

Die verschlafene Rezeptionistin findet meinen Namen in den Reservierungen nicht. Auch das sollte mich nicht weiter überraschen. Gehört zum Standardprogramm der Heldenreise: Hat der Held die Schwelle überschritten, lauern überall Unbill, Ärger und Gefahren, er ist ein Fremder und wird nicht mehr erkannt. Nicht mehr gesehen. Gehört nicht mehr dazu. Erst als ich meinen Namen auf die falscheste Art, die mir einfällt, buchstabiere, tauche ich im System auf. Sie gibt mir die Zimmerkarte und informiert mich gähnend, dass das WLAN wegen der Waldbrände nicht funktioniert, *sorry,* die Telefongesellschaft hat das Netz vorsichtshalber gekappt. Ja klar, Waldbrand. Abgeschnitten von der Welt. Wenn man das heldische Erzählprogramm begriffen hat, ergibt alles einen Sinn. Die Prüfungen beginnen. Ich ziehe meinen Koffer durch endlose Flure, mein Zimmer liegt am hintersten Ende, es riecht nach Desinfektionsmittel, ein Geruch, der für mich immer mit den USA verbunden war, bevor wir dann in der Pandemie alle anfingen, uns ständig die Hände zu desinfizieren. Das Zimmer riecht muffig, ich reiße die doppelt gesicherten Fenster zu einem riesigen, leeren Parkplatz auf, falle ins Bett, zerre die festgesteckte Decke von meinen Füßen. Nie habe ich verstanden, wie man so schlafen kann, ohne sich die Füße zu brechen. Im Halbschlaf fällt mir ein, dass ich Angst haben sollte, weil ich in den USA bin. Ich wühle mich aus dem Bett, schließe die Fenster wieder.

Meine deutsche Furchtlosigkeit oder grenzenlose Naivität erstaunte und bestürzte meine Mitstudierenden damals, sie bemühten sich, mir Angst beizubringen wie eine neue Sprache: Sieh dich immer um, ob dir jemand folgt. Auch im Supermarkt. Hab besonders Angst vor jungen Schwarzen Männern. Halte nie allein im Auto auf einem Parkplatz. Schließ die Tür mehrmals hinter dir ab. Geh nie allein in ein fremdes Haus, durch unbekannte Stadtviertel, am besten gar nicht zu Fuß, dein Auto ist der sicherste Ort. (Ich hatte gar kein Auto.) Verriegele immer dein Auto von innen. Schau an einer roten Ampel nicht zum Fahrer im Nachbarauto, er könnte es für eine Aufforderung halten.

Fürchte dich! Immer und überall!

Ich kann nicht mehr schlafen. Fühle mich allein. Im Film

ist ein Mann allein in einem Hotelzimmer immer romantisch. Eine Frau nie. Dem Mann fehlt nichts, der Frau alles. Der Mann ruht sich nur kurz aus vom Abenteuer, bevor er wieder loszieht, der Frau droht tiefe Einsamkeit wie eine Strafe. Im Fernseher wird auf allen Kanälen geschossen, ich zähle achtundzwanzig Leichen in zwölf Minuten.

Am nächsten Morgen sitze ich an einem türkisblauen Swimmingpool inmitten von Beton, umgeben von hohen Maschendrahtzäunen wie in einem Gefängnis, aber da ist es wieder, das gleißende Licht Kaliforniens, wie eine ständige Erpressung: *Cheer up!* Lächle, lächle, denk positiv, und fürchte nichts! Das ist die Rüstung, die hier jeder trägt. Jeden Tag wieder zieht man damit in die Schlacht und zeigt sich lächelnd und tapfer. Ich habe damals schnell gelernt, die amerikanische Rüstung anzulegen, aber ich fühlte mich durch sie erdrückt und kam mir oft verlogen vor. Warum sollte ich so tun, als wäre alles *just great,* wenn es doch gar nicht stimmte? Warum behaupten, es ginge mir *fine, just fine,* wenn mir hundsmiserabel zumute war? Manchmal jedoch half die Zwangslüge, die gegenseitige Verpflichtung, so gut es geht, glücklich zu erscheinen, denn da nicht nur das Sein, sondern auch der Schein das Bewusstsein bestimmt, fühlte ich mich manchmal tatsächlich besser, wenn ich nur oft genug gelächelt hatte und angelächelt worden war und immer wieder laut gerufen hatte: *I am fine, just fine!* Man konnte anscheinend beschließen, *happy* zu sein. Kein besonders deutsches Konzept.

Der klassische amerikanische Held ist Optimist. Er lässt sich nicht unterkriegen, er gibt nie auf, unbeirrt folgt er seinem Traum. Während er durchs Unterholz stapft auf der Suche nach dem Drachen, bangt die Frau daheim. Sie hat keinen Traum, den sie von sich aus und allein verfolgen könnte, sie wartet auf die Rückkehr des Helden und ist, bei den vielen Sorgen, die sie sich macht, eher Pessimistin. Die Hüterin des Konjunktivs. Hätte, würde, könnte. Er könnte sich das Bein brechen, vergessen, dass er auf Erdnüsse allergisch ist, die falsche Waffe mitnehmen, die Rüstung verkehrt herum anziehen – es gibt so vieles, was schiefgehen könnte. Aber nur, wenn ordentlich viel schiefgeht, sind wir, die dem Helden dabei zuschauen, wie er zum Helden wird, zufrieden und fühlen uns unterhalten. Sein Schlamassel ist unser Vergnügen. Würde bei einer Heldin ähnlich viel schiefgehen, oder wäre sie umsichtiger, vorsichtiger, klüger – und damit automatisch weniger unterhaltsam? Oder ist einfach mehr Fantasie gefragt, um die Heldin in Schwierigkeiten zu bringen, weil sie so gut vorgesorgt und die Zeckenkarte, den Verbandskasten, Proviant und ein Solaraufladegerät fürs Handy eingesteckt und die App für giftige Pflanzen und gefährliche Tiere geladen hat, bevor sie in den Dschungel gezogen ist? Und dann doch vernünftigerweise umkehrt, wenn es ihr idiotisch gefährlich erscheint? Oder ist das nur ein weiteres Klischee von Weiblichkeit?

Als ich vor die Tür trete, steht dort schon Vince und pflaumt mich an, ich sei doch schließlich Deutsche, warum also, verdammt noch mal, nicht auf die Minute pünktlich? Er fährt mich zum Kino des Festivals, ich lade ihn zur Vorstellung meines Films *Kirschblüten und Dämonen* ein.

Ich weiß nicht, sagt er, so'n europäischer Film, da passiert immer nix, und alle reden so viel.

Doch, doch, da passiert viel, verspreche ich.

Dämonen hab ich selbst genug, grummelt er, willigt aber ein zu kommen.

Den Film haben wir in Bayern und Japan gedreht. Er ist die Fortsetzung von *Kirschblüten Hanami*, der die Geschichte von Rudi Angermeier erzählte, der kurz vor seiner Pensionierung seine Frau verliert. In seiner Trauer flieht er zu seinem Sohn Karl nach Tokio, der ebenfalls tief getroffen ist vom Verlust der Mutter, aber keine Zeit für den Vater hat. Es ist die Zeit der Kirschblüte, und in einem Park lernt Rudi eine junge Tänzerin kennen, die seinen Schmerz erkennt und sich um ihn kümmert wie keines seiner Kinder. Sie bringt Rudi dazu, sich auf die Spurensuche nach seiner Frau zu begeben, die selbst einmal Tänzerin werden wollte, aber ihren Traum für ihre Familie begraben hatte. Rudi wird zum Helden, weil er nicht nur seinen Blick auf seine Frau verändert, sondern auch sich selbst. Ein grantiger, festgefahrener, konservativer Bayer öffnet sich zusehends, wird verletzlich und weich und tanzt sogar am Ende unbeholfen, aber dafür rührend vor dem Berg Fuji für seine verstorbene Frau. Ganz gleich, wo der Film auf der Welt gezeigt wurde, überall ging an dieser Stelle ein Seufzen durchs Kino, und die Taschentücher wurden gezückt. Es ist ein Augenblick, der die ganzen Mühen des Filmemachens lohnt, denn es gibt in ihm eine tiefe Verbindung zwischen Rudi Angermeier, dem Publikum und unserem miesen kleinen Schicksal.

Diese seltsame Kraft, die sich aller Kontrolle entzieht, war schon beim Drehen der Szene zu spüren. Der Fuji strahlte überirdisch, es war noch kalt am frühen Morgen, die Luft kristallklar, und als Elmar Wepper als Rudi tanzte, fing das japanische Team an zu weinen.

Die Fortsetzung *Kirschblüten und Dämonen* nun dreht sich um den Sohn Karl. Er hat den Verlust der Mutter nicht verkraftet, der er besonders nahestand und die seine Empfindsamkeit geschätzt hat, ganz anders als der Vater. Selbst als Tote ist sie noch ganz bei ihm, er kann sie nicht gehen lassen. Verzweifelt ringt er mit seiner Identität, auch seiner sexuellen. Im Lauf der Geschichte wird auch Karl zum Helden – sonst wäre es keine Geschichte und er nicht ihr Protagonist. Zögerlich begibt er sich immer mehr in eine offene, weniger festgelegte Identität, macht sich ebenfalls verletzlich, was für eine männliche Hauptfigur fast immer eine tiefgreifende Veränderung bedeutet. Für eine weibliche eher nicht, da das Genderklischee sie meist sowieso als verletzlich und ständig verletzt erzählt. Müssen wir also, um zu Heldinnen zu werden, den umgekehrten Weg gehen? Von Penelope zu Lara Croft, zu Superwoman und Black Widow? Dafür gibt es inzwischen reichlich Beispiele. Aber ist das wirklich erstrebenswert? Oder sollten wir lieber ganz aus dem Monomythos der Heldenreise aussteigen? Aber wie erzählen wir dann noch eine Geschichte?

Ich sehe meinem Hauptdarsteller Golo Euler in der Rolle von Karl zu, wie ihm in der letzten Einstellung des Films Tränen in die Augen steigen und er ganz durchsichtig, ganz zart erscheint, und jedes Mal muss ich schlucken, weil ich mit ihm fühle, obwohl ich doch selbst die Szene geschrieben habe und weiß, dass er spielt. Aber wie dankbar unser

Hirn auf die Illusion reagiert und sie für bare Münze halten möchte. Wir scheinen programmiert zu sein auf Geschichten. Ich erinnere mich, wie ich für meine kleine Tochter als TV-Ersatz ein Schattentheater aus einer Obstkiste und Pergamentpapier bastelte, mit ihr zusammen einen Wal ausschnitt, der auf ihren Wunsch alles verschlingen sollte, aber kaum trat er als Schatten hinter dem Pergamentpapier auf, wurde er so real, dass sie in Tränen ausbrach. Und dennoch wollte sie ihm unbedingt weiter zuschauen. Wir sind süchtig nach der Story, der Erzählung, dem Narrativ und ziehen sie nicht nur der realen Welt vor, sondern verwandeln diese, wann immer es geht, in Fiktion.

Die Schlusstitel laufen, noch ist unklar, wie der Film angekommen ist, mein Herz schlägt schneller, wie immer meldet sich die Angst, abgelehnt, ausgebuht, sogar gehasst zu werden. Die Verletzungsgefahr ist hoch. Miese Kritiken, ausbleibendes Publikum, negative Reaktionen verkrafte ich nur schwer und leide lange. Jedes Mal wieder der freie Fall – warum eigentlich? Als ich mit zwanzig meinem Vater meinen Berufswunsch mitteilte, schüttelte er mitleidig den Kopf und fragte: Warum willst du dich ein Leben lang von der Meinung anderer abhängig machen?

An diesem Abend kommt der Film gut an, aber in der anschließenden Diskussion beklagt sich eine Zuschauerin, deren Hautfarbe ich nicht erkennen kann, dass der Film sehr weiß besetzt sei, bis auf die eher kleine Rolle der Frau vom Jugendamt.

Bayern ist auf dem Land einfach sehr weiß, wende ich ein. Wenn ich dort Diversität behaupte, entspricht das nicht der Wahrheit.

Aber müsse man nicht im Film gerade deshalb divers erzählen, fragt die Zuschauerin, um so die Realität zu zwingen, sich zu verändern?

Unbedingt, stimme ich zu, aber in manchen Geschichten wirkt das unglaubwürdig.

Aber ist nicht sowieso alles Fiktion?, fragt sie.

Höflich werden wir von einer jungen afroamerikanischen Platzanweiserin aus dem Saal gescheucht. Bald soll der nächste Film beginnen, und wir haben bereits zehn Minuten überzogen. Ich bedanke mich bei ihr für ihre Geduld und lege ihr dabei die Hand auf die Schulter, die sie ruhig liegen lässt und betrachtet, bis ich sie wieder wegnehme. Meine Freundin Lille, die neben mir gestanden hat, sagt danach zu mir: Du weißt schon, dass dein Schultertätscheln eben rassistisch war und du damit ein Machtverhältnis ausgedrückt hast, oder?

Wieso?

Ganz einfach: Der, der die Macht hat, fasst den an, der sie nicht hat.

Quatsch, sage ich, so war das doch nicht gemeint.

Vielleicht nicht so gemeint, es ist aber einfach so, sagt Lille. Es verletzt.

Aber das war doch nicht absichtlich. Ist die Absicht nicht entscheidend?

Was ändert die Absicht denn an der Verletzung?

Es macht doch einen Unterschied, ob mich jemand mit Vorsatz verletzt oder aus Versehen, rege ich mich auf.

Und sie soll jetzt unterscheiden zwischen deiner guten oder vielleicht bösen Absicht?

Ich hab ihr doch nur die Hand auf die Schulter gelegt!

Das »nur« bestimmst aber du!

Rettet den Kontext!, murmele ich.

Jetzt willst du auch noch die Deutungshoheit über den Kontext? Der ist für dich doch ein komplett anderer als für sie. Fang mal lieber an, von vornherein dein weißes Privileg mitzudenken!

Ich denke also ein bisschen nach und stelle fest, dass ich mich durchweg als freies Individuum betrachte, das in keinerlei historischem Zusammenhang agiert und sein Privileg nicht im Geringsten mitdenkt.

Ich laufe also zurück, entschuldige mich bei der Platzanweiserin. Sie zuckt die Schultern, winkt ab. Ich füge hinzu, ich käme aus Europa, als erkläre das irgendetwas. Fast mitleidig schaut sie mich an, und ich meine, in ihrem Blick zu erkennen, wie satt sie die Erklärungen von Weißen hat, die vielleicht sogar ihr Privileg erkennen, aber im Kern nichts verändern.

Aus dem alten, zerbeulten Honda steige ich um in den neuen roten Porsche Cabrio von Lille, verabschiede mich von Vince. Er beklagt sich über meinen Film, er sei ihm zu ernst gewesen. So eine traurige Familiengeschichte, alle machen sich fertig, wie in seiner Familie, und niemand habe am Ende gewonnen.

Es ist halt ein realistischer Film, sage ich.

Ist doch scheiße, sagt Vince. Ich ziehe die Fiktion vor.

Lille ist studierte Ökonomin, frisch in Rente. In einer Start-up-Firma von jungen Techies hat sie viel Geld verdient und eine Zweizimmerwohnung in San Francisco gekauft. Ich frage nicht, was sie gekostet hat. Sie lebt allein und ist sehr guter Dinge. Sie ist eigentlich immer sehr guter Dinge. Ursprünglich kommt sie aus Deutschland, lebt aber seit Jahrzehnten in den USA. In der Dramaturgie der Heldenreise gäbe sie, weil sie sich in beiden Ländern auskennt, eine gute Mentorin ab, Archetyp »weise Frau« mit grauen Haaren. Die Mentorin führt den Helden ein in die fremde Welt und beschützt ihn, so gut es geht.

Lille hat ihre Haare gerade frisch blondiert, und während sie in ihrem Porsche über den Highway brettert und unsere Haare im Wind flattern, erzählt sie, dass sie nun als Rentnerin ihr Wissen in den Dienst der Nachkommen von Sklaven stellt, um Reparationszahlungen zu berechnen. Sie fährt dafür auf Konferenzen, oft ist sie die einzige weiße Frau dort, die nur akzeptiert wird, weil sie als Deutsche als Expertin für das Thema Wiedergutmachung gilt. Die Diskussionen sind kompliziert und langwierig. Viel wird darüber gestritten, ob Geld über Jahrhunderte erlittenes Unrecht ausgleichen kann oder nur wieder auf die Opferrolle verweist.

Geld ist immer besser als kein Geld, sagt Lille, das ist meine Meinung.

Wir fahren an den Stinson Beach, wo ich das erste Mal mit achtzehn war, so verliebt, dass ich ohne den Geliebten glaubte, nicht mehr leben zu können. Über uns kreischen die Möwen, vor uns liegt der Pazifik, Rauch liegt in der Luft. Weit hinter uns am Horizont lodern die Waldbrände, die die *firefighters* seit Tagen zu löschen versuchen.

Etwas Heldenhafteres als einen Feuerwehrmann gibt es in den USA nicht. Er fährt in einem Fahrzeug wie aus dem

Märchen vor, trägt schwere Rüstung und riskiert sein Leben im Feuer, vor dem wir eine tiefe archaische Furcht hegen.

Eine weitere Freundin, Heather, gesellt sich am Strand zu uns. Ihr Mann ist vor Kurzem nach langer Krankheit gestorben. Ganz zittrig und durchsichtig wirkt sie vor Trauer. Jahrelang hat sie ihren Mann versorgt, auf Kickstarter Geld gesammelt, um die immensen Krankenhausrechnungen bezahlen zu können, was ihr jetzt noch peinlich ist, aber als Hochschulprofessorin verdiente sie einfach nicht genug. Auf gar keinen Fall sollte ihr Mann davon erfahren. Aber so hatte sie dafür gesorgt, dass er bis zum Ende palliativ versorgt werden konnte.

Du bist eine Heldin, sage ich.

Nein, bestimmt nicht, sagt sie. Ich hatte Angst, dass ich sein Leiden nicht ertrage. Nicht mitansehen kann. Dass ich fliehe. Mich davonstehle. Ich bin jeden Tag kürzer im Krankenhaus geblieben, habe mich vor seinem Zustand gefürchtet, vor seinem Stöhnen und Knurren, Jaulen und Schreien vor Schmerzen. Wirklich wie ein Tier, das ich nicht kannte. Und jeden Tag wurde es schlimmer. Es ist so schwer zu akzeptieren, dass es nicht mehr besser werden kann, nur schlechter. Dass nichts wieder gut wird. Ich bin nicht religiös und dachte immer, mein Mann ist es auch nicht, nie hat er von Gott gesprochen, wirklich nie. Aber dann habe ich im Krankenhaus auf seinem Handy einen täglichen Aboservice entdeckt, *a message from God,* und seltsamerweise wurde das mein täglicher Trost und Beistand. Am Tag seines Todes bekam ich die SMS: »Fürchte dich nicht«.

Dass die irgendwann kommen würde, hätte ich dir gleich

sagen können, sagt Lille trocken, und tatsächlich lacht Heather, sie kann gar nicht aufhören zu lachen, und wir lachen mit ihr, wiehern und kichern und kreischen.

Erschöpft lassen wir uns in den warmen Sand fallen, drei ältere weiße Damen am Strand. Die Sonne steht hoch am Himmel, uns wird heiß, wir ziehen T-Shirts, Hemden, Blusen aus, halten unsere nackte Haut ins Licht, und wahrscheinlich vergleichen wir dabei gegenseitig unsere Körper. Wir können nicht anders, wir haben den Vergleich von früh auf gelernt, er geschieht automatisch und ist schwer zu verlernen. Wir vergleichen unsere Weiblichkeit und haben doch alle drei die Kriterien der Väter übernommen: etwas schaffen, jemand werden, unabhängig sein, aufbrechen in unsere eigenen Abenteuer. Die Mütter und Hausfrauen unserer Generation forderten von uns dasselbe und führten sich dabei selbst ad absurdum: Sei wie ein Mann! Lerne einen Beruf! Sei frei! Finanziell autonom!

Wir haben gehorcht. Wir sind Professionelle. So nannte man früher Sexarbeiterinnen – im Unterschied zu was? Zu Amateurinnen, die kein Geld nehmen? Wir lachen. Das Privileg als weiße Frauen immer mitdenken: Wir durften studieren. Wir durften raus. Ins Abenteuer. Ein Leben ausschließlich zu Hause konnten wir uns nie vorstellen, wir wollten unterwegs sein. Gleichzeitig sollten – und wollten – wir, wenigstens ab und zu, sein wie unsere Mütter: anwesend für die Familie, verlässliche Versorgerinnen, nachsichtige Geliebte und treue Ehefrauen. Kein Wunder, dass wir oft das Gefühl hatten, keinem gerecht zu werden, auch uns selbst nicht. Und jetzt fürchten wir, dass wir durch Alter und Krankheit ein für alle Mal zurück ins Haus verwiesen werden. Wir üben bereits, nach Kräften den Moment zu genießen, das kleine Hier und Jetzt. Weg vom Ego der eigenen Geschichte hin zu den hunderttausend Dingen außerhalb von uns. Nur ganz kurz waren wir in unserem eigenen Actionfilm als Hauptdarstellerin unterwegs, und jetzt heißt es bereits wieder Kontemplation statt Aktion. Aber vielleicht ist es das erstrebenswertere Ziel, als Heldin einer überkommenen Dramaturgie zu werden? *Nicht müde werden, sondern dem Wunder leise wie einem Vogel die Hand hinhalten,* hat Hilde Domin gedichtet. Hinschauen statt in die Schlacht ziehen. Sich die Welt nicht untertan machen, sondern sie auf uns zukommen lassen. Sitzen statt Rennen. Warten statt Abenteuer. Doch ist das nicht wieder die alte Rolle der Penelope? Das Gegenteil einer Story? Momentaufnahmen der puren Aufmerksamkeit von Augenblick zu Augenblick zu Augenblick: Darin könnte eine ganz andere Art verborgen liegen, die Welt wahrzunehmen und über sie zu berichten. Eine fragmentarischere, aber unter Umständen wahrhaftigere und sogar poetischere Erzählhaltung als das ewige Narrativ von Aufbruch, Kampf und Rettung. Vielleicht ist die weibliche Dramaturgie am Ende doch eine andere, überlegen wir, kein Kreis, sondern eine Wellenbewegung. Unser Nachdenken über das episodische Erzählen unterbricht ausgerechnet ein Mann, der sich am völlig leeren Strand nur wenige Meter von uns entfernt niederlässt. Langsam und bedeutungsvoll zieht er sich aus und präsentiert schließlich eine wirklich übertrieben prall gefüllte Badehose, die, als er sich auf seinem Handtuch auf den Rücken legt, steil aufragt wie die Eigernordwand. Wir kichern laut, was den Mann nicht im Geringsten stört, im Gegenteil, er scheint unsere Aufmerksamkeit zu genießen. Wir retten seinen Tag, denn wer wäre er ohne den Blick der Frauen? Wenn ihm keine mehr zuschaut?

Ein Spatz hüpft auf unser Handtuch, und alle drei halten wir ihm die Hand hin.

Wir verabschieden uns von Heather, die nach Los Angeles zurückkehrt, in ein von Grund auf verändertes Leben ohne ihren Mann. Jede Veränderung bedeutet Tod und jeder Tod Veränderung, lautet eine Grundregel des Erzählens. Transformation ist der Schlüssel. Wenn sich nichts verändert, ist es keine Geschichte. Wir fürchten uns vor Veränderung und sehnen uns gleichzeitig nach ihr, sie ist Bedrohung und Erlösung zugleich. Die Veränderung selbst in die Hand zu nehmen ist der amerikanische Traum, und die amerikanische Maxime: Erfinde dich selbst und deine Geschichte neu. Je größer und dramatischer die Veränderung, desto besser, denn damit ist die Erlösung auch größer, und in amerikanischen Filmen klatschen alle Umstehenden. Wenn die Veränderung erfolgreich ist, ist es eine gute Geschichte. Was gut ist, hat Erfolg, und was erfolgreich ist, ist gut. Aber auch das bedeutet Diskriminierung. Es schließt all die aus, die nicht gewinnen. Die anders sind und ihr Anderssein nicht zu einer einzigartigen Geschichte machen, die sie anderen wiederum als glorreiches Beispiel erzählen können. Die keine großen Träume haben und vielleicht auch keine kleinen. Die krank sind und die Krankheit nicht besiegen. Die schwach sind und schwach bleiben. Die den Kampf verlieren. Die keine Helden sind und deshalb keine gute Geschichte haben. *A good story.*

Meine Reise neigt sich dem Ende zu. Wie war das möglich, frage ich mich nur kurze Zeit später, als die Pandemie mich zu Hause einsperrt und ich sehnsüchtig auf die Rückkehr meines alten Lebens warte, dass ich wegen eines Filmfestivals für fünf Tage einfach so um den halben Erdball geflogen bin? Als lahme Entschuldigung habe ich zwar CO_2-Kompensationen bezahlt, aber nichts konnte mich von der Aussicht auf ein kleines Abenteuer abbringen. Nur ein kleines, bitte, ohne größere Prüfungen, Konflikte und gar tiefgreifende Veränderungen – also letztlich kein richtiges Abenteuer, keine dramatische Geschichte. Wir selbst wollen nämlich meist gar keine großen Geschichten erleben, weil wir genau wissen, dass sie ohne Schmerzen nicht zu haben sind. Andere sollen sie stellvertretend für uns erleben und erleiden und uns wie ein magischer Schutz vor dem eigenen Drama bewahren. Andere sollen Helden und Heldinnen sein.

Ich verabschiede mich von Lille, sehe ihr nach, wie sie davonfährt, ihre platinblonden Haare flackern im kalifornischen Sonnenlicht wie eine Flamme. Da weiß ich noch nicht, dass eine dramatische Geschichte bereits auf mich lauert und ich mich in weniger als zwei Stunden in Lebensgefahr befinden werde. Ich werde mich fürchten wie nie zuvor in meinem Leben. Noch aber latsche ich routiniert und gelangweilt durch den Flughafen, eine Törin, die meint, ungeschoren davonkommen zu können. Noch pfeift sie fröhlich ein Liedchen, fühlt sich ziemlich großartig als unentwegte Weltenbummlerin und macht lustige Selfies mit ihrem falsch geschriebenen Namen – Dory – auf einem Starbucks-Kaffeebecher. (Das sei eine Social-Media-Strategie, wird kolportiert: Der Name werde mit Absicht falsch auf den Becher geschrieben, damit er gepostet wird. Wir sind umzingelt von narrativen Techniken und fallen nur allzu gern auf sie herein.) Noch also wandere ich wie eine selige Schlafwandlerin umher und erinnere mich an einen anderen Kaffeebecher, auf dem Do Re stand. Ich bekam ihn in Tokio …

Am Flughafen von San Francisco verabschiede ich mich von Lille, sehe ihr nach, wie sie in ihrem Porsche Cabrio davonfährt, die platinblonden Haare wie eine Flamme im Wind. Ziellos treibe ich mich bis zum Abflug herum, an diesem seltsamen Zwischenort, an dem keiner zu Hause ist und den jeder so bald wie möglich verlassen möchte, um an einen anderen Ort zu gelangen. Ich erinnere mich, dass ein tibetischer Lama Flughäfen mit den *bardos* im tibetischen Totenbuch verglich, schwankenden und fluiden Zuständen zwischen Tod und Wiedergeburt. Ich steige ins Flugzeug, freue mich über den leeren Platz neben mir. Ich weiß noch, dass ich seltsam aufmerksam die Sicherheitshinweise anschaue, als hätte ich sie nie zuvor gesehen. Die Nacht senkt sich über San Francisco, der Mond steht voll und rund am Himmel, als wir starten, die gewaltige Stahlmasse ächzend und klappernd vom Boden abhebt und ich in meinen Sitz gedrückt werde. Ich bereite mich auf mittelgute Filme und schlechtes Essen vor, zwölf Stunden lang zehn Kilometer hoch über der Erde. Nach ein paar Minuten gibt es den ersten Knall. Vielleicht ist in der Küche ein Servierwagen nicht ordentlich verstaut worden? Dann der zweite, der dritte. Tief unter mir liegt eine schwarze Fläche, das Meer.

Vor den Fenstern gegenüber zuckt ein gelber Schein. Als ich verstehe, dass dort Feuer flackert, flutet bereits Adrenalin durch meinen Körper und lässt mein Herz hämmern, meine Gedanken flattern. Keine der Flugbegleiterinnen ist zu sehen. Die anderen Passagiere wirken angespannt, aber erstaunlich ruhig. Verstehe ich etwas falsch? Gibt es gar keinen Grund zur Sorge? Aber ich sehe doch Flammen vor dem Fenster! Es dauert, bis sich endlich der Kapitän meldet. Sehr langsam sagt er zuerst auf Deutsch: Wir sind uns der Situation bewusst. Und dann sagt er lange nichts mehr. Was genau ist die Situation? Mein Gehirn weiß Bescheid und spuckt ein paar wahrscheinliche Todesarten aus: Abstürzen. Explodieren. Verbrennen. Ertrinken im eiskalten Pazifik. Ich sehe bereits mein Skelett am Meeresgrund liegen, meinen Schädel, den kleine Fischchen blank knabbern, sie schwimmen durch die Augenhöhlen hinein und durch den Mund wieder hinaus.

Der Mond vorm Fenster schaut ruhig dabei zu, wie ich mich vor Todesangst winde. Sie dauert ewig. Nimmt kein Ende. Wann ist es zu Ende? Ist das das Ende? Mein Ende? *The end of me?* Ich denke es auf Englisch, und es klingt wie ein Song. Der Kapitän vermeldet nun mit seiner therapeutischen Stimme, dass man versuchen werde, umzudrehen und zu landen, dafür aber erst das Benzin abgelassen werden müsse, weil wir sonst zu schwer sind. Was heißt das: Man wird versuchen? Im Klartext muss das wohl heißen: Keine Ahnung, ob wir's schaffen. Niemand schreit, keiner sagt ein Wort. Todesangst macht stumm. Wusste ich vorher nicht. Ich dachte, dass wie im Kinofilm alle schreien, stöhnen, weinen. Aber keinen Laut geben wir von uns.

Gebannt sehen wir zu, wie das abgelassene Benzin an den Fenstern vorbeirauscht. Am Feuerball vorbeifließt. Eine junge Frau bekommt eine Panikattacke und kann sich nicht mehr bewegen. Absurd verschraubt verharrt ihr Körper in ein und derselben Position auf dem Sitz. Nach etwa einer Stunde gibt meine Angst allmählich auf. Sie kann nicht mehr. Sie hat die größtmögliche Gefahr signalisiert, mich eindringlich zur Flucht aufgefordert, mich dafür mit Adrenalin vollgepumpt, jetzt setzt eine gewisse Abstumpfung ein. Ich habe einen einzigen Gedanken: Das kann ich meinem Kind nicht antun. Ich bete nicht, ich schreie nicht, ich ziehe kein Résumé meines Lebens, ich komme gar nicht auf den Gedanken, eine letzte Botschaft an meine Liebsten ins Telefon zu tippen. Es ist, als habe man mir bereits den Stecker gezogen, meine Vergangenheit gelöscht, und hinter mir läge nur noch schwarze Nacht. Vor mir weiß flirrende, pure Angst wie Fernsehrauschen. Fast langweilig, weil sich nichts mehr verändert. Vor lauter Erschöpfung gibt es kein Erinnern und kein Hoffen mehr, sondern nur das immer gleiche Gefühl: Panik. Wie lange? Ich habe keine Ahnung. Mein Zeitempfinden hat sich in Brei aufgelöst.

Aber zwei Stunden später landen wir tatsächlich. Feuerwehrautos rasen mit Sirenen und Blaulicht auf uns zu und sprühen weißen Schaum über das brennende Flugzeug wie Schlagsahne. Erst danach dürfen wir aussteigen. Benommen wandern wir durch einen leeren, bereits geschlossenen Flughafen, als habe niemand mehr auf uns gewartet, niemand mehr mit uns gerechnet. Nur noch ein einziger Angestellter steht hinter einem Schalter und verkündet ängstlich, die Airline könne uns leider nicht mit Hotelzimmern weiterhelfen, denn wir hätten keine Verspätung gehabt, sondern einen Notfall, und dafür greife die Regelung nicht, außerdem gäbe es in der ganzen Stadt sowieso keine Zimmer mehr, denn es sei Veterans Day.

Da fängt der Erste der Passagiere an zu schreien vor Wut, und dann der Nächste. Es sind die Geschäftsmänner, die zuerst schreien. Ihre Wut steigert sich in ein vielstimmiges Geblöke, und seltsamerweise fühle ausgerechnet ich mich aufgefordert, ihnen zu antworten. Ich drehe mich um, recke mich und rufe in die aufgebrachte Menge, wir müssten doch froh sein, am Leben zu sein, ein Wunder! Sollten wir uns nicht bitte, bitte erst einmal ein bisschen freuen?

Tatsächlich verstummt das Geschrei, tosender Applaus. Nein, es gibt keinen Applaus. Den gäbe es im Film. Hier nur kurz Stille. Die Geschäftsleute buchen sich am Telefon Ubers und private Abholungen oder Champagner, keine Ahnung, sie verschwinden nach und nach, wir anderen bleiben zurück. Der Mann von der Fluggesellschaft verteilt eingeschweißte Decken und deutet hilflos auf den glänzend polierten Steinboden. Dort dürfen wir uns hinlegen.

Ich rufe Lille an, aber sie geht nicht dran. Es ist inzwischen ein Uhr nachts. Die Decke besteht aus knisterndem, hellblauem Polyester wie damals die Bettdecken im Wohnheim der Uni, gar nicht weit von hier. Die Zeit zerfließt und katapultiert mich vor und zurück. Ich bin zum ersten Mal in diesem Land und gleichzeitig zum letzten Mal, bevor ich mit einem Flugzeug abgestürzt bin, aber nein, ich lebe doch noch, oder nicht? Das Adrenalin wabert immer noch wie eine Droge durch mein Blut, ich bin nicht sicher, ob ich wach bin oder träume. Wir liegen auf den blauen Decken auf der Erde. Gestrandet. Obdachlos. Mein Körper klopft und pocht und surrt vor sich hin wie an Starkstrom angeschlossen. Um zwei Uhr ruft Lille zurück. Sie ist mitten in der Nacht aufgewacht und hat meine Nachricht gesehen. Und schon ist sie in ihrem Porsche auf dem Weg, um mich zu holen.

Als sie mich umarmt, fange ich an zu heulen. Kann nicht mehr aufhören zu heulen. Sie bringt mich in ihre kleine Wohnung, gibt mir Kamillentee und baut mir im Wohnzimmer ein Nest zum Schlafen. Bis zum frühen Morgen sehe ich mir verwundert dabei zu, wie ich weiter zittere und heule und beides nicht abstellen kann.

Lille kocht Porridge für mich, füttert mich damit wie ein Baby, ist ruhig und präsent, meine Retterin, meine Heldin.

Sie lacht. Wieso soll ich deine Heldin sein?

Abermals fährt sie mich zum Flughafen. Man hat mich umgebucht in die Mittagsmaschine nach Frankfurt. Inmitten einer Horde von Unwissenden, die sich beneidenswerterweise keinerlei Risikos bewusst sind, betrete ich das Flugzeug. Mir ist übel vor Angst. Der Mann, der neben mir Platz nimmt, war am Vorabend in derselben Maschine, er saß gegenüber am Fenster, zwei Stunden lang blickte er direkt in den lodernden Feuerball. Gemeinsam zucken wir nun bei jedem Löffel, der zu Boden fällt, zusammen, bei jeder kleinen Turbulenz schrecken wir aus unruhigem Halbschlaf und halten die Luft an. Ich muss mich zwingen, nicht nach seiner Hand zu greifen, meinen Kopf nicht an seine Schulter zu legen, ihm nicht um den Hals zu fallen, als wir nach zwölf Stunden in Frankfurt landen.

Er atmet tief aus: *We made it,* sagt er, *we made it,* und

schüttelt mir lange die Hand, als hätten wir etwas Enormes geleistet und müssten uns gegenseitig gratulieren.

Ich stolpere durch den Frankfurter Flughafen, mein Körper fühlt sich an wie nach einer schweren Prügelei, er schlingert seltsam, ich kann ihn nicht in der Balance halten und remple andere Menschen an, die mich missbilligend anschauen, als sei ich betrunken. Am Umsteigegate nach München kommt eine Schwarze Security-Frau auf mich zu und informiert mich freundlich, aber streng, dass ich meinen Rollkoffer einchecken muss. Und ehe ich mich versehe, brülle ich sie aus vollem Hals an, dass ich auf gar keinen Fall meinen Koffer einchecken werde, ich sei gerade haarscharf einem Flugzeugabsturz entgangen, überhaupt nichts werde ich machen, gar nichts! Erschrocken weicht sie zurück und geht. Ich schäme mich. Frage mich, ob ich sie auch so angeblökt hätte, wenn sie meine Hautfarbe hätte. Ein wenig Stress, Angst oder meinetwegen auch eine gehörige Portion von beidem, und schon denke ich mein Privileg nicht mehr mit, gehe nicht hinter ihr her, entschuldige mich nicht. Bleibe sitzen wie ein Stein.

In München angekommen, fahre ich mit dem Bus in die Stadt, steige am Nordfriedhof aus. An der Haltestelle ragen über die Friedhofsmauer die grünen Bronzeflügel eines Engels. Hier liegt mein erster Mann begraben. Er wurde in Murcia, Spanien, verbrannt. Ich saß mit der Urne mit seiner Asche im Arm auf einem Sofa in einer Hotellobby und versuchte vergeblich, aber immer wieder von Neuem, die Veränderung von einem Menschen in ein Häufchen Asche zu begreifen.

Die Sonne scheint. Ein strahlender Herbsttag. Niemand

ist zu Hause, um mich zu begrüßen. Ich esse eine Brezn. Lege mich unter einen Baum im Englischen Garten. Die Blätter winken mir zu. Auf sehr flüchtige, aber kristallklare Weise fühle ich mich mit einem Mal mit der Brezn, der Linde über mir und allen anderen Menschen im Park verbunden. Ein fast erleuchteter Moment. Die Heldin wird erleuchtet, nachdem sie eine große Krise überstanden hat. Nein. Ich habe keinen Kampf geführt, nicht dem Drachen ins Auge gesehen, sondern er nur mir. Ich bin keine Heldin, ich bin nur gereist. Ohne Not, ohne dringenden Anlass. Ich bin nicht ausgezogen, um das Fürchten zu lernen. Dies ist keine runde *story*. Sie bietet keine Erkenntnis, keinen Erfolg, keinen abgeschlagenen Drachenkopf.

Nachts kann ich nicht schlafen, immer noch klopft mein Herz zu schnell, es hat noch nicht begriffen, dass alles wieder gut ist. Ich werfe die Geschichtenmaschine, den Fernseher, an und sehe einen Dokumentarfilm über zwei Schlangenfänger in Bangkok, einen Meister und seinen Lehrling. Sie betreten ein kleines Haus, ein Ehepaar hat sie gerufen. Der junge Lehrling zittert vor Angst. Der Alte, der Profi, zieht beherzt eine riesige Python unter dem Bett des panischen Ehepaars hervor. Die Schlange hat bereits die Katze im Haus erwürgt. Der Lehrling soll die Python in einen Sack bugsieren, aber er hat zu viel Angst.

Du schaffst es, du schaffst es, ruft der Alte.

Die Schlange windet und wehrt sich, aber schließlich hat der Lehrling sie im Sack. Der Alte geht zu zwei jungen Kätzchen, die in einer Ecke hocken, verbeugt sich vor ihnen und sagt sehr ernst: *Your mother is dead.*

Zusammen bringen Meister und Lehrling die Python

in den Wald. Der Lehrling entlässt sie aus dem Sack in die Freiheit. Eilig schlängelt sie davon, die beiden sehen ihr nach. Der Meister klopft dem Lehrling auf den Rücken. Deine erste Schlange, sagt er. Bravo.

Endlich schlafe ich ein. Im Traum vollbringe ich Heldinnentaten. Ich bin unterwegs, auf einer langen, weiten Reise in eine abenteuerliche Geschichte.

HEINRICH MANN

Szene

I

Sobald Lea von der Verlobung ihres Geliebten erfuhr, eilte sie zu ihm. Viktor war nicht zu Hause, sie ging in seinem Zimmer auf und ab. ›Ich habe zu spielen – Premiere, und ich bin nicht entschuldigt‹, dachte sie, und dann gleich wieder an seinen Verrat. ›Ich verliere ihn, und ich liebe ihn!‹ Ihr Herz setzte aus, sie sah sich im Spiegel todbleich. Dann maß sie, durchdringend und trostlos, die ganze Gestalt. ›Elegant und schön, eine Schauspielerin, die in Mode ist, so würden die Leute sagen, wenn ich jetzt stürbe. Hat einem Mann alles zu bieten, Liebe, Glanz, befriedigte Eitelkeit, und wird verlassen und nimmt sich das Leben.‹ Sie suchte hastig in der Handtasche, ließ es, irrte weiter durch das Zimmer. Plötzlich fühlte sie ihn hinter sich.

»Ich habe dich erschreckt«, sagte Viktor. Sie fühlte Angst vor dem Kommenden, sagte aber zornig: »Ich nehme an, dass alles Geschwätz ist.«

Er zuckte die Achseln. »Das nimmst du nicht an. Du wusstest von der Sache. Ich hatte sie dir angedeutet.«

»Ich glaubte dir nicht!«

»Schließlich konnte ich nicht bei dir um meine Braut anhalten.«

In ganz verändertem Ton: »Was habe ich dir getan?« Und sie sank hin. Er trat an ihren Sessel, streichelte ihr das helle Haar, seine Hand war verführerisch wie je. »Ich liebe nur dich, Lea. Darum fehlte mir der Mut, offen mit dir zu sprechen. Ich habe den peinlichen Schritt tun müssen, weil ich abhängig und ehrgeizig bin. Nur darum. Ich wollte, ich könnte noch zurück.«

Sie sahen einander im Spiegel. Er sah ihr Gesicht aufleuchten.

»Komm zurück!«, sagte sie mit ihrer schönsten Stimme, hingelehnt, damit er sie küsse. Er küsste sie und sagte: »Wir haben uns schon mehrmals getrennt und wiedergenommen. Jetzt ist eine Heirat notwendig. Sie bedeutet nichts, wir bleiben die Alten.« Da riss sie sich los und sprang auf. Sie starrte ihm wie blind ins Gesicht. »Was wolltest du? Heiraten und mich behalten?« Er sah Unheil kommen, er streckte die Hand aus, aber sie floh bis in den Winkel; schon hatte sie aus ihrer Handtasche einen Gegenstand gezogen und ihn an die Lippen gesetzt. Gerade fing Viktor noch ihre Hand auf. »Lass das!«, sagte er rau.

»Es könnte dir schaden!« Sie lachte schrill auf, bevor sie weinte. Sie weinte, am Boden zusammengebrochen. Er war es jetzt, der hin und her ging, die Stirn in Falten, tief aufgewühlt. Unvermutet hörte er sie sprechen, eine Stimme wie ein Kind. »Ich will dein Unglück nicht«, sagte sie, ach, so demütig, vom Boden her. »Wenn denn ich dein Unglück war. Ich willige in alles, du bist frei.« Das verlassene Kind, das dort lag, weinte.

›Aufgepasst!‹, sagte der Mann sich. ›Die Tränenszene, dritter Akt. Wer sich fangen lässt, verliert.‹

Als nichts von ihm kam, stand sie geduldig auf. Indes sie sich glattstrich: »Ich sehe ein, es war ein Fehler, dass ich hier bei dir das Gift nehmen wollte. Eine bekannte Schauspielerin, auf deinem Teppich tot; es hätte dir geschadet. Verzeih!« Ironie, trotz leise lockendem Blick. Er ward noch unzufriedener anzusehen.

»Es wäre mir nirgends angenehm, meine Liebe. Weder auf dem Teppich noch sonst wo.«

»Das kann ich verstehen«, sagte sie. Die Ironie erklärte sich, hoch dramatisch. »Aber ich weiß doch nicht, ob du um den Polizeibericht herumkommen wirst.« Sie war zum Gehen fertig.

Er stürzte ihr nach, er hielt sie an beiden Handgelenken fest. »Du spielst heute Abend? Versprich es mir!«

»Bist du um die Direktion so sehr besorgt?«

»Es wird dich auf andere Gedanken bringen«, verriet er. »Jedenfalls ist Zeit gewonnen. Versprich es!«

»Ich habe schon versprochen, folgsam zu sein«, sagte sie vollkommen sanft und ergeben. Aber ihr Blick wich ihm aus, verloren und arm.

Seine Unruhe wuchs ins Unerträgliche, er brach aus: »Auf dich war niemals Verlass!«

»Ich dachte, heute könnte ich es von dir sagen«, erwiderte sie sanft und undurchdringlich.

»Liebst du mich nicht mehr?«, rief er in seiner Verzweiflung.

»Wenn du mir nur erlaubtest, es dir zu beweisen!« Tragischer Blick.

»Ich begleite dich«, bestimmte Viktor. »Ich gehe bis in die Garderobe mit dir. Ich lasse kein Auge von dir.«

»Dann könnte es nur noch auf der Bühne geschehen«, murmelte Lea.

II

Er gelangte verspätet auf seinen Parkettplatz. Bis zu ihrem Auftreten hatte er sie nicht allein gelassen. Er überlegte unaufhörlich: ›Wird sie heute Abend jubeln können?‹ Denn sie hatte zu jubeln in dem Stück, so viel wusste er. »Ihr glaubt doch nicht, es ginge ohne mich?« Den Aufschrei hatte sie ihm letzthin mehrmals vorgemacht. Ein heiteres Stück also wahrscheinlich. Wie würde sie das machen heute Abend?

Das Stück erwies sich eher als frivol. Leider schon wieder ein Dirnenstück. Frivol und etwas melancholisch war der Auftakt, und sogleich hatte die Heldin ihren stürmischen Abschied von dem Liebhaber Nummer eins. Er hatte sie geliebt, gequält, betrogen und wieder von vorn. Sie hatte gelitten, sich gerächt, ihn zurückgeholt und mehrmals abgestoßen. Nun war es zu Ende. Sie blieb allein, zerbrochen, verzweifelt, mit Bitternis getränkt bis in den Tod. Schritte. Sie wollte fort; ihr winkte nur der Tod.

Statt seiner erschien der Liebhaber zwei, ein sanfter, junger Kavalier, der sie zu lieben gedachte. Er kam mit Seelentiefen und suchte etwas Besonders an diesem Treffpunkt der Lebewelt. Nach einigen begreiflichen Nieten fand er es nun. Sie war immerhin bereit, noch ein wenig sich aufhalten zu lassen vor ihrem letzten Gang: Bereit aus Müdigkeit und weil es eins war, so sah der ungetreue Geliebte im Parkett.

Wie begegnete sie denn aber der Werbung des Zweiten, das abgebrühte, schwerelose Geschöpf? Am Rande des Diwans sagte er ihr, indes hinten die Kameraden soupierten, seine Seelenwünsche, und sie lag. Geschwungene Linie, lang und schmal im bunt schillernden Futteral der Robe, leicht erhöht die Knie, den Kopf über das Polster hinweggesenkt, sie war ganz Liegen, das ungenützte Daliegen. Die nackte Schulter glänzte ins Leere, vergebens hing der nackte, starke Arm herab. Warum nicht? Sie konnte durchaus eingehen auf die Marotte des Herrn, der Treue suchte und Sanftmut versprach.

Entschluss, sie küsste. Das allzu goldene Lockengebäude an ihrem rückwärts gesenkten Kopf ward erschüttert, die Reiherfedern wippten, zu seinen Lippen hob sie das Gesicht. Allzu weiß, mit groben Bühnenzügen und dem schwarzen Strich der geschlossenen Wimpern malte es den Kuss. Diese Lippen wollten Verlobung vortäuschen? Versprechungen des Lebens küssen? Eine Totenmaske sog sich wild an, knapp vor dem Sterben.

Feiern den Eintritt in die neue Liebe! Dahinten brachen sie auf. Vom Diwan geschnellt – und der große, bewegte Körper wollte mit voran gestreckten Armen über alles fortfliegen, die Zuversicht selbst. »Ihr glaubt doch nicht, es ginge ohne mich?« Es gellte, und der Vorhang fiel.

Dies, das Jauchzen? Es hatte gegellt; lag die große Frau jetzt nicht, zusammengebrochen und alleingelassen, über dem verwüsteten Tisch, dort hinter dem Vorhang? Er ging wieder hinauf, sie und ihre Mitspieler verneigten sich.

Der ungetreue Liebhaber auf seinem Parkettplatz sprach zu ihr durch den Vorhang: »Nun, nun, mein Kind, wir sind älter geworden, das ist das Ganze. Als ich dich kennenlernte, hattest du den naiven Reiz der Anfängerschaft. Ach, unsere Jugend! Jetzt bist du reif, auch ich bin es, und man geht auseinander. Obwohl man sich erst jetzt recht verstünde und das Leben einander erleichtern könnte. In der Jugend erschwert man es sich. Es ist uns ergangen wie dir in dem Stück mit dem Herrn Nummer eins: geliebt, gequält, betrogen und von vorn. Jetzt aber uns verlassen? Nun, deine Schönheit, dein Talent die Höhe erreichen?«

Er seufzte, und in seine Gefühle vertieft, hatte er vergessen, dass er seine Geliebte beaufsichtigen musste, damit sie nicht Selbstmord beging. Das Haus ward dunkel, da fiel ihm alles wieder ein. Furchtbare Panik durchjagte ihn. Kam sie lebend auf die Bühne? Oder lag sie schon da, wenn der Vorhang aufging? Fiel er gleich wieder, und jemand trat heraus, um dem Publikum von einer vorübergehenden Schwäche zu erzählen?

Vorhang. Gottlob, sie lebte! Er zitterte noch immer.

Sie spielte Glück. Selbst Viktor hatte sie nie so glücklich gesehen wie heute Abend mit dem Liebhaber zwei. Er hatte das beste Leben, nur sie selbst war ihrer Sache nicht sicher. Auch dies konnte enden, so aufreibend schrecklich wie das Vorige – wenn sie auch hier wieder liebte. Sie fürchtete zu lieben und dann verlassen zu werden. Sie eilte, dass sie ihm zuvorkomme; nur darum betrog sie ihn mit dem Liebhaber eins – und ließ sich erwischen. Die Szene. Zwei merkt erst jetzt, er liebe sie, und hat seinen Ausbruch. Eins hat ihm Genugtuung angeboten und ist gegangen. Sie selbst besteht darauf, sie liebe noch immer jenen, nie habe sie diesen geliebt; wird kalt und stumm. Dieser glaubt ihr nicht, zu gut weiß er das Gegenteil, weiß es durch sich selbst. Für ihn ward es ernst, auch sie soll endlich gestehen.

So gesteht sie denn: Nein, sie liebt keinen; auch den nicht, mit dem sie ihn zielbewusst betrogen hat. Auch der hat nur wissen sollen, dass sie nun kalt sei – nun kalt sei und bleibe! »Der eine kann mich zu haben glauben, der Zweite, sogar ein Dritter: Wer aber hat mich noch? Das war einmal!« Schaudert es ihn? Es ergreift ihn, er möchte verzeihen. »Damit du mich später umso sicherer davonjagst? Später, wenn ich wehrlos bin.« Da er leugnet: »Doch. Der, den ich liebe, jagt mich davon!«

Frech und schrankenlos agiert sie vor dem Menschen, hat die Selbstachtung abgetan, möchte nacktes Grauen sein, alles, damit es ihr erspart bleibe, noch einmal leiden zu müssen. Er will ihr nichts ersparen, sie entreißt sich ihm, flieht nach hinten und steht, wie gefangen, in einem Vorhang.

Dort nun zeigt sie, wie man leidet, was sie schon erlitten hat, was sie noch erleiden würde – zeigt, was je Leiden war. Ihre schlaffen Arme tasten aufwärts, um zu flehen, aber was hilft Flehen, sie sinken wieder. Das Gesicht sieht niemanden, einsam plant es, verzückt. Die ganze Frau aber, dieser kostbare Körper im reichen Kleid wird arm, wird offen jedem Blick, ja, durchscheinend, ihr seht die Flamme. Ihr hört nicht, welche Sätze sie klagt, seht nur in ihr die Flamme zehren: zehren und sie durchleuchten. »Alle Wetter!«, sagte der Ungetreue. »Mit ihr geht es vorwärts – und mit mir? Ich werde herunterkommen durch meine bürgerliche Heirat. Keine andere Frau als diese kann mir Glück bringen. Die Laufbahn! Um als Mensch zu versinken? Indes sie dort oben leuchtet. Indes sie mit anderen Männern ihre Seelenkräfte übt und davon leuchtet! Das darf nicht sein.«

Die Schauspielerin inzwischen bereitete ihren Abgang vor. Der Mann war fertig, sie hatte ihn endlich niedergerungen. Er saß, war ganz krank vom ungewohnten Erleben und wünschte sie innerlich zu allen Teufeln. Sie aber hatte Hoheit bekommen; Abschied in Hoheit und müden Nachwehen ihrer großen Szene. Ein letzter Händedruck? Er schlug ihn aus, rückte verwundet die Schultern. Da hatte sie, über ihn fort, ein Nicken, eine Wendung: »Dann nicht.« All ihr Wissen in dem Nicken, das ganze Ende in der Wendung. Sie hatte nicht glaubwürdig gejauchzt heute, aber ihr stummes »Dann nicht« war restlos gekommen.

Geklatscht wurde mit vereinzelter Heftigkeit, im Ganzen aber mäßig. Diesen letzten Enthüllungen widerstrebte der gesunde Sinn. Was für das Herz war, schien vorüber; der erste Akt hatte beinahe im Freudenhaus gespielt. Die Damen fühlten sich tief getroffen von den Toiletten der Heldin.

III

Der Liebende war vor allen anderen draußen. Schon vor der Schauspielerin, die sich noch verneigte, war er in ihrer Garderobe. Sie fiel erschöpft auf den Stuhl und sagte: »Du hattest recht, es tut gut.«

Er schluckte hinunter. »Lea«, sagte er, »ich heirate nicht mehr.«

»Das ist mein größter Erfolg«, rief sie. »Aber du musst

heiraten, Lieber. Denn jetzt bin ich mit dir fertig. Wie froh bin ich!«, sagte sie traurig, aber nur wie in Erinnerung der Schmerzen. Ihm ward es kalt.

»Was ist das? Ich sagte doch, dass ich dir alles opfere!«

»Genug!«, sagte sie stark. »Und das nächste Mal? Soll ich, wenn du mich das nächste Mal verrätst, wieder spielen müssen wie heute – und dich vielleicht auch damit nicht mehr halten können? Und mich nicht mehr von dir befreien können? Heute habe ich mich befreit. Bin fein heraus. Ah! Lieber! Jetzt leide du!«

Während er wankte und mit mutlosen Händen noch flehen wollte, rief sie: »Umzug, dritter Akt! Sie müssen hinausgehen.«

INGEBORG BACHMANN

Undine geht

Ihr Menschen! Ihr Ungeheuer!

Ihr Ungeheuer mit Namen Hans! Mit diesem Namen, den ich nie vergessen kann.

Immer wenn ich durch die Lichtung kam und die Zweige sich öffneten, wenn die Ruten mir das Wasser von den Armen schlugen, die Blätter mir die Tropfen von den Haaren leckten, traf ich auf einen, der Hans hieß.

Ja, diese Logik habe ich gelernt, daß einer Hans heißen muß, daß ihr alle so heißt, einer wie der andere, aber doch nur einer. Immer einer nur ist es, der diesen Namen trägt, den ich nicht vergessen kann, und wenn ich euch auch alle vergesse, ganz und gar vergesse, wie ich euch ganz geliebt habe. Und wenn eure Küsse und euer Samen von den vielen großen Wassern – Regen, Flüssen, Meeren – längst abgewaschen und fortgeschwemmt sind, dann ist doch der Name noch da, der sich fortpflanzt unter Wasser, weil ich nicht aufhören kann, ihn zu rufen, Hans, Hans …

Ihr Monstren mit den festen und unruhigen Händen, mit den kurzen blassen Nägeln, den zerschürften Nägeln mit schwarzen Rändern, den weißen Manschetten um die

Handgelenke, den ausgefransten Pullovern, den uniformen grauen Anzügen, den groben Lederjacken und den losen Sommerhemden! Aber laßt mich genau sein, ihr Ungeheuer, und euch jetzt einmal verächtlich machen, denn ich werde nicht wiederkommen, euren Winken nicht mehr folgen, keiner Einladung zu einem Glas Wein, zu einer Reise, zu einem Theaterbesuch. Ich werde nie wiederkommen, nie wieder Ja sagen und Du und Ja. All diese Worte wird es nicht mehr geben, und ich sage euch vielleicht, warum. Denn ihr kennt doch die Fragen, und sie beginnen alle mit »Warum?«. Es gibt keine Fragen in meinem Leben. Ich liebe das Wasser, seine dichte Durchsichtigkeit, das Grün im Wasser und die sprachlosen Geschöpfe (und so sprachlos bin auch ich bald!), mein Haar unter ihnen, in ihm, dem gerechten Wasser, dem gleichgültigen Spiegel, der es mir verbietet, euch anders zu sehen. Die nasse Grenze zwischen mir und mir …

Ich habe keine Kinder von euch, weil ich keine Fragen gekannt habe, keine Forderung, keine Vorsicht, Absicht, keine Zukunft und nicht wußte, wie man Platz nimmt in einem anderen Leben. Ich habe keinen Unterhalt gebraucht, keine Beteuerung und Versicherung, nur Luft, Nachtluft, Küstenluft, Grenzluft, um immer wieder Atem holen zu können für neue Worte, neue Küsse, für ein unaufhörliches Geständnis: Ja. Ja. Wenn das Geständnis abgelegt war, war ich verurteilt zu lieben; wenn ich eines Tages freikam aus der Liebe, mußte ich zurück ins Wasser gehen, in dieses Element, in dem niemand sich ein Nest baut, sich ein Dach aufzieht über Balken, sich bedeckt mit einer Plane. Nirgendwo sein, nirgendwo bleiben. Tauchen, ruhen, sich ohne Aufwand von Kraft bewegen – und eines Tages sich besinnen, wieder auftauchen, durch eine Lichtung gehen, *ihn* sehen und »Hans« sagen. Mit dem Anfang beginnen.

»Guten Abend.«

»Guten Abend.«

»Wie weit ist es zu dir?«

»Weit ist es, weit.«

»Und weit ist es zu mir.«

Einen Fehler immer wiederholen, den einen machen, mit dem man ausgezeichnet ist. Und was hilft's dann, mit allen Wassern gewaschen zu sein, mit den Wassern der Donau und des Rheins, mit denen des Tiber und des Nils, den hellen Wassern der Eismeere, den tintigen Wassern der Hochsee und der zaubrischen Tümpel? Die heftigen Menschenfrauen schärfen ihre Zungen und blitzen mit den Augen, die sanften Menschenfrauen lassen still ein paar Tränen laufen, die tun auch ihr Werk. Aber die Männer schweigen dazu. Fahren ihren Frauen, ihren Kindern treulich übers Haar, schlagen die Zeitung auf, sehen die Rechnungen durch oder drehen das Radio laut auf und hören doch darüber den Muschelton, die Windfanfare, und dann noch einmal, später, wenn es dunkel ist in den Häusern, erheben sie sich heimlich, öffnen die Tür, lauschen den Gang hinunter, in den Garten, die Alleen hinunter, und nun hören sie es ganz deutlich: Den Schmerzton, den Ruf von weit her, die geisterhafte Musik. Komm! Komm! Nur einmal komm!

Ihr Ungeheuer mit euren Frauen!

Hast du nicht gesagt: Es ist die Hölle, und warum ich bei ihr bleibe, das wird keiner verstehen. Hast du nicht gesagt: Meine Frau, ja, sie ist ein wunderbarer Mensch, ja, sie braucht mich, wüßte nicht, wie ohne mich leben –? Hast du's nicht gesagt! Und hast du nicht gelacht und im Übermut gesagt: Niemals schwer nehmen, nie dergleichen schwer nehmen. Hast du nicht gesagt: So soll es immer sein, und das andere soll nicht sein, ist ohne Gültigkeit! Ihr Ungeheuer mit euren Redensarten, die ihr die Redensarten der Frauen sucht, damit euch nichts fehlt, damit die Welt rund ist. Die ihr die Frauen zu euren Geliebten und Frauen macht, Eintagsfrauen, Wochenendfrauen, Lebenslangfrauen und euch zu ihren Männern machen laßt. (Das ist vielleicht ein Erwachen wert!) Ihr mit eurer Eifersucht auf eure Frauen, mit eurer hochmütigen Nachsicht und eurer Tyrannei, eurem Schutzsuchen bei euren Frauen, ihr mit eurem Wirtschaftsgeld und euren gemeinsamen Gutenachtgesprächen, diesen Stärkungen, dem Rechtbehalten gegen draußen, ihr mit euren hilflos gekonnten, hilflos zerstreuten Umarmungen. Das hat mich zum Staunen gebracht, daß ihr euren Frauen Geld gebt zum Einkaufen und für die Kleider und für die Sommerreise, da ladet ihr sie ein (ladet sie ein, zahlt, es versteht sich). Ihr kauft und laßt euch kaufen. Über euch muß ich lachen und staunen, Hans, Hans, über euch kleine Studenten und brave Arbeiter, die ihr euch Frauen nehmt zum Mitarbeiten, da arbeitet ihr beide, jeder wird klüger an einer anderen Fakultät, jeder kommt voran in einer anderen Fabrik, da strengt ihr euch an, legt das Geld zusammen und spannt euch vor die Zukunft. Ja, dazu nehmt ihr euch die Frauen auch, damit ihr die Zukunft erhärtet, damit sie Kinder kriegen, da werdet ihr mild, wenn sie furchtsam und glücklich herumgehen mit den Kindern in ihrem Leib. Oder ihr verbietet euren Frauen, Kinder zu haben, wollt ungestört sein und hastet ins Alter mit eurer gesparten Jugend. O das wäre ein großes Erwachen wert! Ihr Betrüger und ihr Betrogenen. Versucht das nicht mit mir. Mit mir nicht!

Ihr mit euren Musen und Tragtieren und euren gelehrten, verständigen Gefährtinnen, die ihr zum Reden zulaßt ... Mein Gelächter hat lang die Wasser bewegt, ein gurgelndes Gelächter, das ihr manchmal nachgeahmt habt mit Schrekken in der Nacht. Denn gewußt habt ihr immer, daß es zum Lachen ist und zum Erschrecken und daß ihr euch genug seid und nie einverstanden wart. Darum ist es besser, nicht aufzustehen in der Nacht, nicht den Gang hinunterzugehen, nicht zu lauschen im Hof, nicht im Garten, denn es wäre nichts als das Eingeständnis, daß man noch mehr als durch alles andere verführbar ist durch einen Schmerzton, den Klang, die Lockung und ihn ersehnt, den großen Verrat. Nie wart ihr mit euch einverstanden. Nie mit euren Häusern, all dem Festgelegten. Über jeden Ziegel, der fortflog, über jeden Zusammenbruch, der sich ankündigte, wart ihr froh insgeheim. Gern habt ihr gespielt mit dem Gedanken an Fiasko, an Flucht, an Schande, an die Einsamkeit, die euch erlöst hätten von allem Bestehenden. Zu gern habt ihr in Gedanken damit gespielt. Wenn ich kam, wenn ein Windhauch mich ankündigte, dann sprangt ihr auf und wußtet, daß die Stunde nah war, die Schande, die Ausstoßung, das Verderben, das Unverständliche. Ruf zum Ende.

Zum Ende. Ihr Ungeheuer, dafür habe ich euch geliebt, daß ihr wußtet, was der Ruf bedeutet, daß ihr euch rufen ließt, daß ihr nie einverstanden wart mit euch selber. Und ich, wann war ich je einverstanden? Wenn ihr allein wart, ganz allein, und wenn eure Gedanken nichts Nützliches dachten, nichts Brauchbares, wenn die Lampe das Zimmer versorgte, die Lichtung entstand, feucht und rauchig der Raum war, wenn ihr so dastandet, verloren, für immer verloren, aus Einsicht verloren, dann war es Zeit für mich. Ich konnte eintreten mit dem Blick, der auffordert: Denk! Sei! Sprich es aus! – Ich habe euch nie verstanden, während ihr euch von jedem Dritten verstanden wußtet. Ich habe gesagt: Ich verstehe dich nicht, verstehe nicht, kann nicht verstehen! Das währte eine herrliche und große Weile lang, daß ihr nicht verstanden wurdet und selbst nicht verstandet, nicht warum dies und das, warum Grenzen und Politik und Zeitungen und Banken und Börse und Handel und dies immerfort.

Denn ich habe die feine Politik verstanden, eure Ideen, eure Gesinnungen, Meinungen, die habe ich sehr wohl verstanden und noch etwas mehr. Eben darum verstand ich nicht. Ich habe die Konferenzen so vollkommen verstanden, eure Drohungen, Beweisführungen, Verschanzungen, daß sie nicht mehr zu verstehen waren. Und das war es ja, was euch bewegte, die Unverständlichkeit all dessen. Denn das war eure wirkliche große verborgene Idee von der Welt, und ich habe eure große Idee hervorgezaubert aus euch, eure unpraktische Idee, in der Zeit und Tod erschienen und flammten, alles niederbrannten, die Ordnung, von Verbrechen bemäntelt, die Nacht, zum Schlaf mißbraucht. Eure Frauen, krank von eurer Gegenwart, eure Kinder, von euch zur Zukunft verdammt, die haben euch nicht den Tod gelehrt, sondern nur beigebracht kleinweise. Aber ich habe euch mit einem Blick gelehrt, wenn alles vollkommen, hell und rasend war – ich habe euch gesagt: Es ist der Tod darin. Und: Es ist die Zeit daran. Und zugleich: Geh Tod! Und: Steh still, Zeit! Das habe ich euch gesagt. Und du hast geredet, mein Geliebter, mit einer verlangsamten Stimme, vollkommen wahr und gerettet, von allem dazwischen frei, hast deinen traurigen Geist hervorgekehrt, den traurigen, großen, der wie der Geist aller Männer ist und von der Art, die zu keinem Gebrauch bestimmt ist. Weil ich zu keinem Gebrauch bestimmt bin und ihr euch nicht zu einem Gebrauch bestimmt wußtet, war alles gut zwischen uns. Wir liebten einander. Wir waren vom gleichen Geist.

Ich habe einen Mann gekannt, der hieß Hans, und er war anders als alle anderen. Noch einen kannte ich, der war auch anders als alle anderen. Dann einen, der war ganz anders als alle anderen und er hieß Hans, ich liebte ihn. In der Lichtung traf ich ihn, und wir gingen so fort, ohne Richtung, im Donauland war es, er fuhr mit mir Riesenrad, im Schwarzwald war es, unter Platanen auf den großen Boulevards, er trank mit mir Pernod. Ich liebte ihn. Wir standen auf einem Nordbahnhof, und der Zug ging vor Mitternacht. Ich winkte nicht; ich machte mit der Hand ein Zeichen für Ende. Für das Ende, das kein Ende findet. Es war nie zu Ende. Man soll ruhig das Zeichen machen. Es ist kein trauriges Zeichen, es umflort die Bahnhöfe und

Fernstraßen nicht, weniger als das täuschende Winken, mit dem so viel zu Ende geht. Geh, Tod, und steh still, Zeit. Keinen Zauber nutzen, keine Tränen, kein Händeverschlingen, keine Schwüre, Bitten. Nichts von alledem. Das Gebot ist: Sich verlassen, daß Augen den Augen genügen, daß ein Grün genügt, daß das Leichteste genügt. So dem Gesetz gehorchen und keinem Gefühl. So der Einsamkeit gehorchen. Einsamkeit, in die mir keiner folgt.

Verstehst du es wohl? Deine Einsamkeit werde ich nie teilen, weil da die meine ist, von länger her, noch lange hin. Ich bin nicht gemacht, um eure Sorgen zu teilen. Diese Sorgen nicht! Wie könnte ich sie je anerkennen, ohne mein Gesetz zu verraten? Wie könnte ich je an die Wichtigkeit eurer Verstrickungen glauben? Wie euch glauben, solange ich euch wirklich glaube, ganz und gar glaube, daß ihr mehr seid als eure schwachen, eitlen Äußerungen, eure schäbigen Handlungen, eure törichten Verdächtigungen. Ich habe immer geglaubt, daß ihr mehr seid, Ritter, Abgott, von einer Seele nicht weit, der allerköniglichsten Namen würdig. Wenn dir nichts mehr einfiel zu deinem Leben, dann hast du ganz wahr geredet, aber auch nur dann. Dann sind alle Wasser über die Ufer getreten, die Flüsse haben sich erhoben, die Seerosen sind gleich hundertweis erblüht und ertrunken, und das Meer war ein machtvoller Seufzer, es schlug, schlug und rannte und rollte gegen die Erde an. daß seine Lefzen trieften von weißem Schaum.

Verräter! Wenn euch nichts mehr half, dann half die Schmähung. Dann wußtet ihr plötzlich, was euch an mir verdächtig war, Wasser und Schleier und was sich nicht festlegen läßt. Dann war ich plötzlich eine Gefahr, die ihr noch rechtzeitig erkanntet, und verwünscht war ich und bereut war alles im Handumdrehen. Bereut habt ihr auf den Kirchenbänken, vor euren Frauen, euren Kindern, eurer Öffentlichkeit. Vor euren großen großen Instanzen wart ihr so tapfer, mich zu bereuen und all das zu befestigen, was in euch unsicher geworden war. Ihr wart in Sicherheit. Ihr habt die Altäre rasch aufgerichtet und mich zum Opfer gebracht. Hat mein Blut geschmeckt? Hat es ein wenig nach dem Blut der Hindin geschmeckt und nach dem Blut des weißen Wales? Nach deren Sprachlosigkeit?

Wohl euch! Ihr werdet viel geliebt, und es wird euch viel verziehen. Doch vergeßt nicht, daß ihr mich gerufen habt in die Welt, daß euch geträumt hat von mir, der anderen, dem anderen, von eurem Geist und nicht von eurer Gestalt, der Unbekannten, die auf euren Hochzeiten den Klageruf anstimmt, auf nassen Füßen kommt und von deren Kuß ihr zu sterben fürchtet, so wie ihr zu sterben wünscht und nie mehr sterbt: ordnungslos, hingerissen und von höchster Vernunft.

Warum sollt ich's nicht aussprechen, euch verächtlich machen, ehe ich gehe.

Ich gehe ja schon.

Denn ich habe euch noch einmal wiedergesehen, in einer Sprache reden gehört, die ihr mit mir nicht reden sollt. Mein Gedächtnis ist unmenschlich. An alles habe ich denken müssen, an jeden Verrat und jede Niedrigkeit. An denselben Orten habe ich euch wiedergesehen; da schienen mir Schandorte zu sein, wo einmal helle Orte waren. Was habt ihr getan! Still war ich, kein Wort habe ich gesagt. Ihr sollt es euch selber sagen. Eine Handvoll Wasser habe ich über die Orte gesprengt, damit sie grünen mögen wie Gräber. Damit sie zuletzt hell bleiben mögen.

Aber so kann ich nicht gehen. Drum laßt mich euch noch einmal Gutes nachsagen, damit nicht so geschieden wird. Damit nichts geschieden wird.

Gut war trotzdem euer Reden, euer Umherirren, euer Eifer und euer Verzicht auf die ganze Wahrheit, damit die halbe gesagt wird, damit Licht auf die eine Hälfte der Welt fällt, die ihr grade noch wahrnehmen könnt in eurem Eifer. So mutig wart ihr und mutig gegen die anderen – und feig natürlich auch und oft mutig, damit ihr nicht feige erschient. Wenn ihr das Unheil von dem Streit kommen saht, strittet ihr dennoch weiter und beharrtet auf eurem Wort, obwohl euch kein Gewinn davon wurde. Gegen ein Eigentum und für ein Eigentum habt ihr gestritten, für die Gewaltlosigkeit und für die Waffen, für das Neue und für das Alte, für die Flüsse und für die Flußregulierung, für den Schwur und gegen das Schwören. Und wißt doch, daß ihr gegen euer Schweigen eifert und eifert trotzdem weiter. Das ist vielleicht zu loben.

In euren schwerfälligen Körpern ist eure Zartheit zu loben. Etwas so besonders Zartes erscheint, wenn ihr einen Gefallen erweist, etwas Mildes tut. Viel zarter als alles Zarte von euren Frauen ist eure Zartheit, wenn ihr euer Wort gebt oder jemand anhört und versteht. Eure schweren Körper sitzen da, aber ihr seid ganz schwerelos, und eine Traurigkeit, ein Lächeln von euch können so sein, daß selbst der bodenlose Verdacht eurer Freunde einen Augenblick lang ohne Nahrung ist.

Zu loben sind eure Hände, wenn ihr zerbrechliche Dinge in die Hand nehmt, sie schont und zu erhalten wißt, und wenn ihr die Lasten tragt und das Schwere aus einem Weg räumt. Und gut ist es, wenn ihr die Körper der Menschen und der Tiere behandelt und ganz vorsichtig einen Schmerz aus der Welt schafft. So Begrenztes kommt von euren Händen, aber manches Gute, das für euch einstehen wird.

Zu bewundern ist auch, wenn ihr euch über Motoren und Maschinen beugt, sie macht und versteht und erklärt, bis vor lauter Erklärungen wieder ein Geheimnis daraus geworden ist. Hast du nicht gesagt, es sei dieses Prinzip und jene Kraft? War das nicht gut und schön gesagt? Nie wird jemand wieder so sprechen können von den Strömen und Kräften, den Magneten und Mechaniken und von den Kernen aller Dinge.

Nie wird jemand wieder so sprechen von den Elementen, vom Universum und allen Gestirnen.

Nie hat jemand so von der Erde gesprochen, von ihrer Gestalt, ihren Zeitaltern. In deinen Reden war alles so deutlich: die Kristalle, die Vulkane und Aschen, das Eis und die Innenglut.

So hat niemand von den Menschen gesprochen, von den Bedingungen, unter denen sie leben, von ihren Hörigkeiten, Gütern, Ideen, von den Menschen auf dieser Erde, auf einer früheren und einer künftigen Erde. Es war recht, so zu sprechen und so viel zu bedenken.

Nie war so viel Zauber über den Gegenständen, wie wenn du geredet hast, und nie waren Worte so überlegen.

Auch aufbegehren konnte die Sprache durch dich, irre werden oder mächtig werden. Alles hast du mit den Worten und Sätzen gemacht, hast dich verständigt mit ihnen oder hast sie gewandelt, hast etwas neu benannt; und die Gegenstände, die weder die geraden noch die ungeraden Worte verstehen, bewegten sich beinahe davon.

Ach, so gut spielen konnte niemand, ihr Ungeheuer! Alle Spiele habt ihr erfunden, Zahlenspiele und Wortspiele, Traumspiele und Liebesspiele.

Nie hat jemand so von sich selber gesprochen. Beinahe wahr. Beinahe mörderisch wahr. Übers Wasser gebeugt, beinah aufgegeben. Die Welt ist schon finster, und ich kann die Muschelkette nicht anlegen. Keine Lichtung wird sein. Du anders als die anderen. Ich bin unter Wasser. Bin unter Wasser.

Und nun geht einer oben und haßt Wasser und haßt Grün und versteht nicht, wird nie verstehen. Wie ich nie verstanden habe.

Beinahe verstummt,
beinahe noch
den Ruf
hörend.

Komm. Nur einmal.
Komm.

Nachweis

Der Verlag dankt folgenden Rechteinhaber:innen für die Genehmigung zum Abdruck:

Bachmann, Ingeborg (1926, Klagenfurt – 1973, Rom)
Undine geht. Aus: dies., *Werke*, Bd. 2: *Erzählungen*. Copyright © 1978 Piper Verlag GmbH, München.

Dörrie, Doris (* 1955, Hannover)
San Francisco. Aus: dies., *Die Heldin reist*. Copyright © 2022, Diogenes Verlag AG Zürich.

Goebel, Joey (* 1980, Kentucky)
Unsere Olivia. Aus: ders., *Irgendwann wird es gut*. Copyright © 2019, Diogenes Verlag AG Zürich. Aus dem amerikanischen Englisch von Hans M. Herzog.

Gotthelf, Jeremias (1797, Murten – 1854, Lützeflüh)
Elsi, die seltsame Magd. Aus: ders., *Meistererzählungen*. Copyright © 1991, Diogenes Verlag AG Zürich.

Gräfen, Svenja (* 1990)
Schritte machen. Aus: Özlem Özgül Dündar, Mia Göhring, Ronya Othmann, Lea Sauer (Hrsg.), *Flexen. Flaneusen schreiben Städte*. Erschienen im Verbrecher Verlag. Copyright © 2019, Svenja Gräfen.

Highsmith, Patricia (1921, Fort Worth, Texas – 1995, Locarno)
Die Heldin. Aus: dies., *Ladies. Frühe Stories*. Copyright © 2020, Diogenes Verlag AG Zürich. Aus dem amerikanischen Englisch von Melanie Walz, Dirk van Gunsteren und pociao.

Jägersberg, Otto (* 1942, Münster)
Eine Liebesgeschichte. Aus: ders., *Der letzte Biss.* Copyright © 1977, Diogenes Verlag AG Zürich.

Köhler, Karen (* 1974, Hamburg)
Name. Tier. Beruf. Aus: dies., *Wir haben Raketen geangelt.* Copyright © 2014 Carl Hanser Verlag GmbH & Co. KG, München.

Lappert, Simone (* 1985, Aarau)
Glitzer, Glatze oder Gangsterblick. Erstmals erschienen in der Kolumne *Hier schreibt jede, was sie will!* in der *Frankfurter Rundschau* vom 15. Mai 2021. Abdruck mit freundlicher Genehmigung der Autorin. Copyright © 2021, Simone Lappert.

Noll, Ingrid (* 1935, Shanghai)
Liebe Mutter. Aus: dies., *In Liebe Dein Karl.* Copyright © 2020, Diogenes Verlag AG Zürich.

Mann, Heinrich (1871, Lübeck – 1950, Santa Monica, Kalifornien)
Szene. Aus: ders., *Liebesspiele* © 2022, Diogenes Verlag AG Zürich.

Präauer, Teresa (* 1979, Linz)
Wer hat Angst vor Ida? Als Gastkommentar mit dem gleichen Titel erschienen in der *Salzburger Nachrichten* Stammausgabe vom 10. September 2022. Abdruck mit freundlicher Genehmigung der Autorin. Copyright © 2022, Teresa Präauer.

Smith, Ali (* 1962, Inverness)
Freie Liebe. Aus: dies., *Freie Liebe und andere Geschichten.* Copyright © 2017 btb Verlag, München, in der Penguin Random House Verlagsgruppe GmbH. Aus dem Englischen von Silvia Morawetz.

Stahl, Alexandra (* 1986)
John Belushi. Aus: dies., *Wenn, dann trifft es uns beide. Storys.* Copyright © 2022 Jung und Jung, Salzburg.

Yoshimoto, Banana (* 1964, Tokio)
Ruderboote. Aus: dies., *Mein Körper weiß alles.* Copyright © 2011, Banana Yoshimoto. Copyright der deutschsprachigen Ausgabe © 2011, Diogenes Verlag AG Zürich. Aus dem Japanischen von Annelie Ortmanns und Thomas Eggenberg.